煤炭企业协同绿色创新能力研究

The Research of Synergy Green Innovation Capability of Coal Enterprises

程 艳 著

中国财经出版传媒集团
中国财政经济出版社

图书在版编目（CIP）数据

煤炭企业协同绿色创新能力研究 / 程艳著. -- 北京：中国财政经济出版社，2020. 11

ISBN 978-7-5223-0083-2

Ⅰ. ①煤… Ⅱ. ①程… Ⅲ. ①煤炭企业－企业创新－研究－中国 Ⅳ. ①F426. 21

中国版本图书馆 CIP 数据核字（2020）第 187678 号

责任编辑：胡 博 张晓丽　　责任印制：刘春年

封面设计：孙俪铭　　责任校对：张 凡

煤炭企业协同绿色创新能力研究

MEITAN QIYE XIETONG LUSE CHUANGXIN NENGLI YANJIU

中国财政经济出版社 出版

URL：http：//www. cfeph. cn

E-mail：cfeph @ cfemg. cn

社址：北京市海淀区阜成路甲 28 号 邮政编码：100142

营销中心电话：010-88191522

天猫网店：中国财政经济出版社旗舰店

网址：https：//zgczjjcbs. tmall. com

北京财经印刷厂印刷 各地新华书店经销

成品尺寸：170 mm×240 mm 16 开 11. 25 印张 175 000 字

2020 年 12 月第 1 版 2020 年 12 月北京第 1 次印刷

定价：50. 00 元

ISBN 978-7-5223-0083-2

（图书出现印装问题，本社负责调换，电话：010-88190548）

本社图书质量投诉电话：010-88190744

打击盗版举报热线：010-88191661 QQ：2242791300

国家自然科学基金项目：煤炭资源绿色低碳发展理论与政策研究（项目编号：71774105）

山西优势学科攀升计划建设项目：山西财经大学工商管理学科（晋教研〔2018〕4）

山西省留学回国基金研究项目：煤炭资源综合利用及资源型经济转型研究（项目编号：2016 - 重点 3）

山西省高等学校人文社科重点研究基地项目：资源型企业绿色转型发展对策研究（项目编号：晋教财〔2015〕41 号 2015323）

前言

近年来，政府陆续颁布专项配套政策，加快淘汰落后产能、过剩产能，进行产业结构调整。因此，当前的宏观环境迫使煤炭企业重新思考依靠增加投资、扩大产能、提高产量的发展模式，转而对企业的发展方向、发展路径、优势资源获得与利用进行再思考和再设计，创新已有的发展路径，提升煤炭企业可持续发展能力。

基于煤炭企业实现可持续发展的现实目的，理论界提出以绿色创新发展模式取代原有的发展模式，实现经济、社会、环境绩效的“三赢”目标。但是由于绿色创新绩效的显现需要较长时间，需要组织内外有效协同，迅速将外部资源转化为内部优势，形成协同绿色创新能力，加快企业绿色创新绩效的实现，摆脱目前的困境。然而，作为一个前沿性的研究领域，对协同绿色创新能力的研究缺乏系统的分析，为了揭开煤炭企业协同绿色创新能力研究的黑箱，本书将系统解决以下问题：协同绿色创新能力是否对煤炭企业创新绩效有重要作用？协同绿色创新能力的作用发挥又受什么要素影响？是什么机制驱动协同绿色创新能力提升？协同绿色创新能力提升是沿着怎样的发展路径进行的？协同绿色创新能力提升过程又是如何演化的？应具体采取什么样的管理措施促进协同绿色创新能力的提升？本书对上述问题的分析阐述将为煤炭企业协同绿色创新能力的研究提供一个完整、动态的研究框架，从理论上解决煤炭企业创新的内在机制问题。

第一，本书基于自组织理论建立煤炭企业协同绿色创新能力“影响要素——构成维度——创新绩效”的研究框架，力图解决煤炭企业协同绿色创新能力为何形成、如何构成、效果怎样的问题。首先，使用 SSIP 过程聚焦法确定了市场导向、政策导向、战略导向、企业文化、技术水平 5 个影响要素；

其次，在经典理论及已有研究的基础上进行协同绿色创新能力维度划分，将其在“元件能力”与“构架能力”这一经典视域下划分为协同能力与绿色创新能力；最后，设定创新绩效衡量指标完成煤炭企业协同绿色创新能力系统研究框架的搭建，为煤炭企业协同绿色创新能力提升关键要素的确定提供了理论依据。

第二，本书基于能力本身的动态性特征，运用自组织、生物学等理论、方法对煤炭企业协同绿色创新能力的提升进行系统分析。在协同绿色创新能力系统分析框架的基础上，运用自组织理论，对能力提升的关键要素及其关联机理、协同绿色创新能力提升的内生性、外生性路径各自的优缺点以及适用条件进行了阐述，并依据煤炭企业的行业特点、当前特定的宏观环境以及绿色创新能力与协同能力的相互作用机制，分析得出内外动力耦合路径对煤炭企业协同绿色创新能力提升的适应性和促进作用。

第三，本书基于生物进化理论对协同绿色创新能力提升演化过程进行了逻辑推演。由于煤炭企业协同绿色创新能力各个阶段提升的重点、方式方法迥异，是一个“秩序跃迁”的演化过程，因此对其内在基因、演化过程的阐述和分析可以揭示协同绿色创新能力提升的发展趋势以及发展路径。

第四，依据能力提升的发展趋势和路径，本书在特定的能力管理原则基础上提出了煤炭企业协同绿色创新能力提升的具体管理举措。一是，煤炭企业协同绿色创新能力的提升过程亦是一个需要不断规范的过程：协同各方基于何种出发点进行合作，对合作过程如何进行规范和约束是所有协同创新研究的重点。因此，本书运用演化博弈方法分析守约收益、监管成本、违约收益、违约成本对协同绿色创新的影响，推导出煤炭企业落实监管、协同伙伴接受并积极配合监管的稳定态及概率，并分析其原因，阐述煤炭企业协同绿色创新能力提升所运行的控制机制及进行管控平台设计，降低协同各方的守约成本，提高协同收益，避免监管缺位造成的风险和损失。二是，协同绿色创新能力提升具有创新目标更加多维、协同主体数目众多、关系更加复杂、时空域更广阔的特点，决定其各类管理措施的实质是主体之间物质、信息、资金、技术等纽带关系的管理，本书在对煤炭企业实地调研的基础上，结合当前平台、物联网等新的组织、技术研究结果提出了优化以上纽带的具体措施，使上述研究落实到煤炭企业的经营管理实践当中，提升煤炭企业协同绿色创新能力。

本书的创新之处在于，理论层面对上述研究内容的探索不仅仅构建了完整的煤炭企业协同绿色创新能力分析体系，深入探究煤炭企业发展的内在动力，为绿色创新能力发展的多元性提供了理论支持，还在于将煤炭企业创新能力的研究由静态转变为动态，更加符合协同绿色创新能力的复杂性特征，避免其在指导企业的创新实践过程中，产生基于静态能力研究所形成的“能力刚性”问题。在研究方法上，本书运用系统分析方法对协同绿色创新能力的发展阶段、能力提升基础、提升路径进行分析，揭示其非线性运行机制，其次运用生物学隐喻方法揭示对于能力提升最为重要的内生因素——惯例的变异、选择、保留过程，反映了协同绿色创新能力提升演化过程的本质特征，将对能力演化的动力、要素、路径的研究推向了更为本质、深入的领域。

在经济转型期的特殊背景下，面对国家产业结构调整和环境规制加强的客观环境，煤炭企业应如何结合自身优势、行业特点来抓住机遇、规避威胁，尽快走出困境是煤炭企业经营者关注的重心，因此本书对煤炭企业协同绿色创新能力的研究，对解决煤炭企业转型的思路、方法、评价机制问题，为加快绿色创新的价值转化，以及煤炭企业可持续发展的管理实践提供了新的解决思路和实施路径。

目录

1 引　言

中国的能源结构是“多煤、少油、贫气”的一多二少结构，煤炭是目前中国自然能源资源中消费价格最低廉、使用最便捷、运输储存最方便安全、生产成本最低、勘探基建投入最少、资源最丰富最有保障的能源品种，因此在相当长的一段时间内煤炭资源依然是中国最主要的能源形式，是中国经济发展的重点亦是改革的重点。就发展角度而言，煤炭产品的性质正在由燃料转变为原料，现代煤化工产业发展迅速，获得了有关煤炭气、液化的大量自主知识产权，示范效果和规模效益凸显，煤炭深加工转化率整体达到国际领先水平；再从改革角度来看，由于煤炭行业发展具有典型的周期性特征，受下游行业周期性需求影响较大，同时近年来国际局势动荡加剧、国内经济增速换挡、经济结构优化等多重因素叠加影响，新旧矛盾相互交织，煤炭产业不确定性因素增多，煤炭企业成本压力愈来愈重。其中的两个重要体现为：煤炭产业的经济发展与生态环境之间的矛盾愈来愈激烈，例如煤炭采挖引起的大范围地面的塌陷、开采地土壤腐蚀、植被破坏、地下水源污染，人和土地的不平衡越来越严重；从产业层面看，产—输—配—用逐级传导的传统产业链形态也带来了诸多问题，各环节企业重能源、轻能量，煤炭产业中煤炭资源利用以直接燃烧的粗加工和传统煤化工为主，能源转化率和资源综合利用水平较低；流通环节黏滞、融资渠道单一；市场中进口煤、石油以及清洁能源的冲击都进一步恶化了煤炭企业的生存状况。综上所述，坚持煤炭清洁高效利用，是目前我国能源技术革命所面临的主要任务。

而要实现煤炭全产业链的清洁、高效和可持续，不仅仅需要在发展规划、技术研发、产业政策等方面给予支持——提供技术创新、系统优化、经验积累的空间，推动现代煤化工产业加快发展；同时要解决好绿色发展要求下出现的政策新问题，主要是生态保护、土地利用、煤炭开发、能源安全、民生问题之间的政策协调关系问题，为煤炭产业高质量发展提供良好的政策环境。基于以上机遇和挑战实现煤炭企业可持续发展研究目的（赵国浩等，2008）①，理论界提出以绿色创新发展模式取代原有的发展模式，实现经济、社会、环境绩效的“三赢”目标。

尽管绿色创新为煤炭企业发展提供了新的研究路径，但在学术上绿色创新和循环经济、清洁生产等相关概念仍存在区别与联系，并且有进一步泛化

① 赵国浩，阎世春．煤炭工业可持续发展研究［M］．北京：经济管理出版社，2008：81－86.

的趋势。实践中目前绿色创新发展的内在动力、运行机制、绩效评价对提高煤炭企业运行效率的可行性与有效性仍然需要进一步深入探讨。此外，由于绿色创新本身的独特性质，其创新绩效的显现具有长期性的特点，需要与外界环境进行充分的信息、物质、技术、资金的交流，通过协同创新增强对市场周期性变化的预见性以及应对能力，以此提高企业的各类绩效，实现“借船出海”“借风扬帆”的目标，这一特定创新能力其影响要素有哪些，维度如何划分，是否能够产生直接必然的创新绩效，都有待进一步发掘。基于以上理论探索以及实践要求，本书对煤炭企业协同绿色创新能力进行了系统分析——扎根于已有研究成果运用科学方法确定出煤炭企业协同绿色创新能力的关键影响要素、构成维度以及创新绩效衡量指标，同时影响要素的确定为其后煤炭企业协同绿色创新能力提升关键要素的选择提供了研究基础和铺垫，协同绿色创新能力构成维度的划分为能力提升路径及关键控制点的选择提供了解决思路，创新绩效的确定决定了能力提升演化的最终目标；在搭建了能力提升的基本研究框架基础上逻辑推演了内外动力耦合提升路径、控制机制以及能力提升的演化过程，最终提出煤炭企业协同绿色创新能力提升的管理举措为煤炭企业协同绿色创新能力提升指明了可行之路、发展方向以及具体的操作方法。

1.1 研究背景

1.1.1 煤炭企业绿色创新发展现状

煤炭企业的发展对国民经济发展起着至关重要的作用，尤其是大型煤炭企业，根据国家发改委等部门下发的《2019 年煤炭化解过剩产能工作要点》明确指出到 2020 年，120 万吨/年及以上大型煤矿产量占整个原煤产量的 82%以上，是煤炭行业“三去一降一补”（去产能、去库存、去杠杆、降成本、补短板）等产业政策执行的排头兵和主力军，大型煤炭企业的经济效益、社会效益、生态效益不仅关乎企业发展，同时对整个国民经济、环境保护、社会稳定都发挥着举足轻重的作用，基于以上考量本书的研究对象侧重于大型煤炭企业，主要研究大型煤炭企业的协同绿色创新能力及提升。

目前煤炭企业绿色创新基本可以分为循环型矿区模式（Circular Coal Mining Area Mode）、节能减排模式（Energy Conservation and Emissions Reduction Mode）、清洁生产模式（Cleaner Production Mode）三种。这三种发展模式各有侧重同时又各有交叉：第一，这三种模式建立基础都是对于高污染、高能耗、高排放的煤炭行业新发展模式的思考、设计；第二，这三种发展模式的最终目的都是实现煤炭企业的可持续发展，是经济收益、社会收益、环境收益的有效结合；第三，经济性是这三种模式所奉行的基本原则，目前的煤炭产业正处于转型的特殊时期，减少投入、降低成本、争取相应的政策扶持以及满足电厂等用煤企业的使用要求，实现新增长成为煤炭企业建立新发展模式的基本原则；第四，创新行为成为以上三种模式的主要依托，绿色创新模式从理念上而言是对煤炭产品原有生产流程的突破，是企业战略创新、文化创新、技术创新的有效结合，战略创新为绿色创新提供了方向引导，文化创新为绿色创新提供了凝聚力量，技术创新为绿色创新提供了实现保证；第五，以上三种模式是煤炭企业与各合作方在某种约束、激励机制下沟通协调、良性发展实现企业经济效益与社会收益、自然收益的“三赢”模式。这三种模式在技术以及运行机制上又各有侧重：循环经济模式基于“减量化（Reduce）、再利用（Reuse）和资源化（Recycle）”的基本原则，具有“一个中心、两个基本点、三赢手段、三赢目标”的特点，即资源循环利用为中心，坚持资源节约与环境友好，运行竞争、自生、共生机制以硬件、软件、心件的共同建设为手段实现物态丰富、生态健康、心态文明（卞丽丽，2011）①，侧重于产业链纵向、横向、闭环延伸；节能减排模式侧重于煤炭产品使用过程中使用新型管材、设备以及技术达到降低能耗、减少污染的效果；清洁生产模式则侧重于生产过程中使用清洁技术减少环境的污染，提高资源的利用率。

1.1.2 煤炭企业绿色创新现有发展思路的局限性

从以上煤炭企业绿色创新的发展模式现状可以看出目前的发展路径存在

① 卞丽丽. 循环型煤炭矿区发展机制及能值评估［D］. 徐州：中国矿业大学博士学位论文，2011：25.

诸多问题，首先，表现在认知方面的局限性：王如松等（2006）① 在其《产业生态学基础》中分析了循环经济发展模式的认识论误区，其中的诸多分析也是煤炭企业在发展绿色创新过程中所存在的问题：第一，观念转型（Rethinking）、技术创新（Renovation）、体制改革（Reform）的“大3R”相较于减量化（Reduce）、再利用（Reuse）、再循环（Recycle）的小“3R”原则更为重要和基础，这是由于“从还原论走向整体论，从掠夺型走向共生型，从开环经济走向知识经济，从产品导向走向功能导向，从外控型走向自生型”的观念更新、思维方式决定行为方式，但目前这小“3R”原则依然是煤炭企业实施绿色创新所奉行的主要原则。第二，制度革新反映了产业结构、产品结构、科技结构的纵向、横向、复合型耦合，实现从组织内部的小循环到整个煤炭行业协同作用系统的大循环，发挥技术创新的主导作用。但是已有的绿色创新模式，在创新原则上就循环论循环，尤其缺乏技术上的、制度上的再设计、再思考。第三，循环经济亦是一种市场经济，既然是市场经济那就要遵守市场经济的基本原则：竞争原则、效率原则和效用原则，这三项原则要求企业不仅要实现资源的有效综合利用，更要实现相应的经济效益，改变循环经济“叫好不叫座”的问题，将竞争性的市场经济与再生、自生的循环经济有效地结合起来形成高效、和谐的生态经济。第四，在循环经济发展模式中，产业链的纵向、横向乃至于复合式延伸是煤炭企业发展循环经济的重要方式，但是循环系统的稳定性取决于系统组成与多样性、开放度与自组织能力、结构刚性与柔性的平衡，产业链不科学的过度延伸会加剧整个系统的不稳定性，因此在煤炭企业的绿色创新过程当中不仅仅要关注将废弃物充分有效利用，更要关注系统的整体运行，避免出现“1+1<2”的问题（王如松等，2006）②。

其次，表现为运行机制的局限性。“机制”（Mechanism），原指机器设备的内部构造方式或者工作原理，在社会经济活动中机制指的是系统内在机能和运行方式。虽然煤炭企业已有的创新模式在开采过程中节约能耗、降低污染，并且能有效地对废弃物进行有效利用，从而节省了生产管理中的投入成本，获得政府相应的政策扶持，但其运行机制的固有缺陷却严重影响了创新模式实行的效率与效果。

---

①② 王如松，周涛，陈亮，刘晶茹，王震．产业生态学基础［M］．北京：新华出版社，2006：14－22.

（1）创新过程缺乏有效的引导机制

创新过程中创新主体性缺位，在煤炭企业相关创新项目中，科研院所依然是创新活动的主体，煤炭企业通过与科研院进行合作获得企业发展所必需的技术支持，但是由于科研院所并未直接面对市场，因此创新项目是否符合市场的需求以及如何与企业自身的消化吸收能力相互耦合进而形成生产能力成为煤炭企业创新项目的结构性矛盾，同时绝大部分煤炭企业又未形成有效的协同模式，及时将市场讯号向科研院所传导，并且依据企业自身特点合理应用科研院所的研究成果，导致了煤炭企业创新项目成果转换率低、成本加大，也造成了国家相应投资的浪费，以及科研院所研发热情的降低。

（2）创新过程缺乏必要的协调机制

煤炭产业链涉及众多相关主体，因此煤炭企业的创新过程也需要众多创新主体共同参与，例如需要行业协会及时了解行业发展动向，协调煤炭企业与主要发电企业的价格谈判问题；需要有煤炭交易平台为供需双方提供相应的供求信息，便利双方的煤炭交易往来；需要与上下游企业密切沟通及时掌握市场的快速变化、快速响应等。因此，煤炭企业的创新过程不仅需要互联网等通信技术的支持，同时也需要建立良好沟通协调机制。从目前看，这种沟通协调机制的建立以及运行依然不尽如人意。原因在于中国煤炭市场以电煤为主，不同的协会代表不同的利益群体，形成了煤炭生产企业、发电企业、各类行业协会基于各自的利益诉求，互相博弈的现象，而没有形成一个能够协调各方利益的机制。

（3）创新过程中相应的财务资源有效获取不足

中国煤炭企业中最为重要的部分基本上都是国有控股企业，虽然大型国有控股企业在获得相应的资金项目以及项目审批相比中小煤炭企业有明显的优势，但是由于一些循环经济项目需要大笔的初期投资以及较长的市场开拓期，其经济效益在很长一段时间得不到显现，有的绿色创新项目还需要大笔的追加投资造成了煤炭企业当前对资金的需求非常迫切。与此相对应的，从资金的供应方来看，目前中国经济正处于产业结构的调整期，近几年来煤炭企业的经营状况普遍不佳，并且银行等金融中介基于煤炭企业绿色创新项目的特殊性——金额大、风险高、回收期长，因而对其缺乏足够的支持力度，资金需求的巨大缺口成为煤炭企业创新发展过程中的瓶颈。

（4）创新过程缺乏实施绿色创新的技术支持

煤炭企业的生产流程包括煤矿的设计、煤田的开发、煤炭开采、洗选、储存、运输、销售等多项环节，其中又以煤炭开采为核心环节 。经历了从爆破采煤—普通机械化采煤—综合机械化采煤等阶段，在落煤、采煤、运煤各个环节上均有不同程度的提高。但是由于煤炭行业的特殊性，尤其是黄金十年间，企业专注于扩大生产规模，没有形成良好的技术创新氛围，同时也缺乏相应的激励、保障机制导致技术创新的动力以及能力得不到有效的发挥，尤其是企业高层对受业绩考核的影响，普遍看重企业当前的经济效益，即使是对技术有所投入，也更加重视提高生产效率的采煤技术的创新，而非不能马上产生经济效益的如绿色创新等技术的资源、资金上的投入，导致企业在获得持续竞争优势以及应对宏观环境周期性变化能力的缺失。

综上所述，煤炭企业的创新过程既有机制方面的障碍又有资源方面的匮乏，因此就需要煤炭企业采取一种新思路来解决上述问题。

1.2 研究意义

本书基于以上的研究背景，以煤炭企业作为研究主体，主要研究其协同绿色创新能力的影响要素、构成维度、绩效评价及提升的关键要素、路径、协同控制和演化机制。研究煤炭企业提高协同绿色创新能力的动力，首先源于煤炭企业适应环境变化、改善企业目前经营困境的迫切要求：中国煤炭资源种类丰富，但优质焦煤及无烟煤相对稀缺。已探明储量中，烟煤占 73.73%、无烟煤占 7.92%、褐煤占 6.81%、未分类煤种占 11.90%。市场环境中客户端基于销售下行的压力不仅减少了需求同时增加了对优质焦煤、无烟煤以及低挥发分、低硫煤等清洁煤的需求，石油价格的下降，进口煤的冲击；政治环境中投资政策的转变以及环境规制的增加，社会文化环境中社会公民对环境生态问题的关注，都成为煤炭企业协同绿色创新的拉力。其次，研究煤炭企业协同绿色创新能力也是煤炭企业适应内外创新要素变化的必然要求：企业外部信息技术的迅猛发展，缩短了企业间距离，增加了企业间合作的可能性；煤炭企业内部技术水平的不断提高，高素质创新型员工的不断涌现，富有社会责任感的企业家精神不断增强成为煤炭企业新发展的推力，使煤炭企业在煤炭安全生产、煤炭资源综合利用、数字化矿井建设、节能减排降污等方面取得突破性的进展，因此煤炭企业如何培育、提高协同绿色创新能力，成为学术界和企业界共同关注的热点。

本书依据经济转型期外部环境以及煤炭企业本身所具有的特殊性，通过对协同绿色创新能力的影响要素、构成维度、创新绩效评价体系及能力提升的系统分析，力图为煤炭企业应对环境变化、提升煤炭企业竞争能力实现多元要素协同、系统效率提升和用户主权释放，带动煤炭资源体系的转型发展探索出一条新的发展路径。

“科学的历史就是理解创新的历史，也就是认识世界的历史”（蔡剑，2012）①。近几年来，由于对企业发展过程中生态友好问题的日益关注，以及对创新驱动效应的日益重视，绿色创新成为一个新的研究领域，研究者从各自的领域、研究视角出发，运用不同的研究方法对绿色创新理论进行着丰富和深化，为绿色创新的实际应用提供了理论支持。但是，绿色创新是一个系统，由相互联系、相互作用的要素构成，通过与外界的交互式学习积累经验，对各个要素之间的关系以及作用强度进行优化，增强企业的竞争能力实现可持续发展。由于绿色创新的这一系统性特征需要企业内外各主体进行有效协同，而目前学术界对协同绿色创新能力的影响要素、构成、绩效评价等方面仍留有继续深入探讨的空间，本书对上述内容的分析、探讨进一步拓展了协同绿色创新的理论研究内容与研究范围，同时本书对协同绿色创新能力提升的系统分析，将能力研究的视角从静态转向了动态，使研究更符合目前复杂动态的宏观环境。

在经济转型期的特殊背景下，基于国家产业结构调整、环境规制加强的客观条件，煤炭企业应如何依据环境的变化充分利用内外部资源将其转换成为企业创新能力，尽快走出困境是煤炭企业经营者关注的重心，煤炭企业在实践当中也有诸多的尝试，力图探索出一条突破困境的可行之路，这些尝试无疑为煤炭企业协同绿色创新提供了实践上的参考。本书立足于煤炭企业协同绿色创新能力的培育与提升，对解决煤炭企业脱困的思路、方法、评价机制问题，加快绿色创新的价值转化，实现可持续发展，具有一定的实践价值。

---

① 蔡剑．协同创新论［M］．北京：北京大学出版社，2012：4.

1.3 国内外文献综述

笔者在中国知网、百度学术、Google Scholar、Web of Science、Jstor 等文献检索工具和数据库平台上，以“煤炭企业”（Coal Enterprise）、“协同绿色创新”（Synergy Green Innovation）、“绿色创新”（Green Innovation）、“协同创新”（Synergy Innovation）、“绿色创新能力”（Green Innovation Capability）、“协同能力”（Synergy Capability）为关键词，参考国内外有较高影响力的期刊进行文献筛选，具体从“绿色创新”“协同创新”“煤炭企业绿色创新能力”这三个维度进行梳理，厘清现有理论的发展脉络、研究成果以及研究空白，为本书对煤炭企业协同绿色创新能力的研究奠定理论基础，如图 1－1 所示。

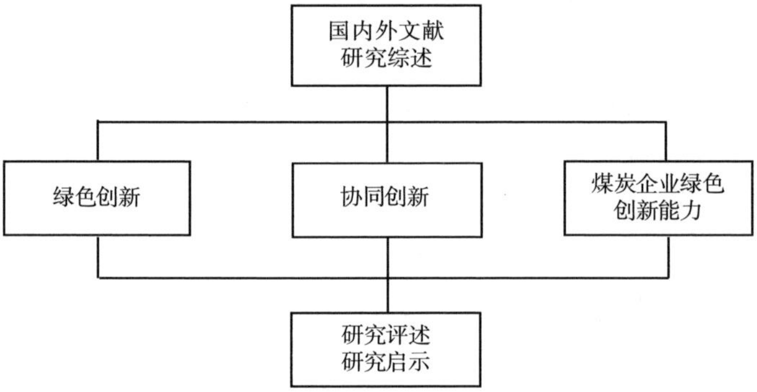

图 1－1　国内外研究综述框架图

1.3.1　绿色创新研究综述

首先，从工业时代起，“人类中心主义”的价值观使物质文明极大繁荣的同时也带来了环境污染、资源短缺、气候异常等严重的生态危机，其次，“金融危机和债务危机，其本质是发展模式危机”（曲峰庚等，2013）[①]，需要

① 曲峰庚，董宇鸿．绿色创新——新经济时代企业成长动力［M］．北京：经济科学出版社，2013：1－10.

人类对现有的科技伦理进行重新研判：自然是一个不可割裂的系统，虽然西方分析式的思维方式能够将复杂的生命现象抽取成各类化学元素以及物理现象，实现复杂问题简单化，但在认识论上却形成了人与自然、人与他人、精神与物质的“二元”对立，表现在人与自然的关系上，西方文化表现出强烈的控制与征服欲望，尤其是工业革命以来，科学技术的飞速发展又给这种欲望增加了实现的可能，导致人类的生态赤字愈来愈大。因此在20世纪90年代初，学术界开始关注如何减少对环境的消极影响，研究者对如何进行战略（杨静等，2015）①、技术（Majid等，2015）②、产品（Gerstlberger等，2014）③、文化（Chang，2015）④、投资（Eyraud等，2013）⑤、运营（Bar，2015）⑥、协同（Gilli等，2014）⑦、价值（Olson，2013）⑧、知识（曲峰庚等，2013）⑨、管理（施建军等，2012）⑩、供应链（李丹，2013）⑪、服务（Cloudy等，2013）⑫ 等方面的创新以减少对环境的负面影响进行了广泛的研究。到目前为止，降低对环境消极影响的创新主要有四个易混淆的概念和术语，分别为绿色创新（Green Innovation）、环境创新（Environmental Innova-

---

① 杨静，刘秋华，施建军．企业绿色创新战略的价值研究［J］．科研管理，2015（1）：18－25.

② Majid. K. A，Russell. C. A. Giving green a second thought：Modeling the value retention of green products in the secondary market［J］. Journal of Business Research，2015，68（5）：994－1002.

③ Gerstlberger. W，Knudsen. M. P，Stampe. L. Sustainable development strategies for product innovation and energy efficiency［J］. Business Strategy and the Environment，2014，23（2）：131－144.

④ Chang. C. H. Proactive and reactive corporate social responsibility：antecedent and consequence［J］. Management Decision，2015，53（2）：451－468.

⑤ Eyraud. L，Clement. B，Wane. A. Green investment：Trends and determinants［J］. Energy Policy，2013，60（9）：852－865.

⑥ Bar. E. S. A case study of obstacles and enablers for green innovation within the fish processing equipment industry［J］. Journal of Cleaner Production，2015，90（3）：234－243.

⑦ Gilli. M，Mancinelli. S，M. Mazzanti. Innovation complementarity and environmental productivity effects：Reality or delusion? Evidence from the EU［J］. Ecological Economics，2014，103（6）：56－67.

⑧ Olson. E. L. Perspective：The green innovation value chain：A tool for evaluating the diffusion prospects of green products［J］. Journal of Product Innovation Management，2013，30（4）：782－793.

⑨ 曲峰庚，董宇鸿．绿色创新——新经济时代企业成长动力［M］．北京：经济科学出版社，2013：225－251.

⑩ 施建军，张文红，杨静，孟源．绿色创新战略中的利益相关者管理——基于江苏紫荆花公司的案例研究［J］．中国工业经济，2012（11）：123－134.

⑪ 李丹．大型煤业集团煤炭绿色供应链系统构建与优化研究［D］．阜新：辽宁工程技术大学博士学位论文，2013：2－4.

⑫ Cloudy. M. C，Peterson. M，O'Driscoll. A. Understanding the attitude－behavior gap for renewable energy systems using behavioral reasoning theory［J］. Journal of Macromarketing，2013，33（4）：91－111.

tion)、生态创新（Eco – Innovation）、可持续创新（Sustainable Innovation），见表 1 – 1。

表 1 – 1　绿色创新、生态创新、环境创新、可持续发展概念区分

<table>
<tr><th rowspan="2">概念</th><th colspan="2">区别</th><th rowspan="2">联系</th></tr>
<tr><th>维度</th><th>创新阶段重视</th></tr>
<tr><td>绿色创新</td><td>经济、生态</td><td>表层分析</td><td rowspan="4">对象：产品、服务、流程、方法
导向：满足需求、获得市场
目的：降低对环境的影响
阶段：整个生命周期
动力：经济、生态</td></tr>
<tr><td>生态创新</td><td>经济、生态</td><td>精确分析每个阶段</td></tr>
<tr><td>环境创新</td><td>经济、生态</td><td>不重视创新阶段</td></tr>
<tr><td>可持续创新</td><td>经济、生态、社会</td><td>重视每个阶段</td></tr>
</table>

资料来源：根据张钢（2013）① 研究结果整理。

在以上四个概念的区别与联系的分析基础上，可以看出这四个概念在很大程度上属于同一含义，因而在很多文献中被交换使用，但是，由于目前绿色能够代表一系列复杂的环保概念，因而自 2005 年以来，在阐释企业如何处理经济效益与环境保护的问题上有着更为丰富的内涵。张天悦（2014）② 在已有研究结果的基础上分析认为："环境"强调区别于某一中心事物；"生态"强调生物的生存状态，绿色才更能体现出创新的类型和意义，绿色创新的意义更为广泛。结合以上的研究成果，本书亦采用绿色创新界定煤炭企业为实现经济与生态的和谐发展而进行的一系列创新举措。依据本书的研究重点和逻辑主线，解决煤炭企业绿色创新能力培育及提升问题，以下将按照影响要素—构成维度—绩效的逻辑顺序，解决绿色创新"为什么""是什么""怎么样"的问题来对绿色创新的已有研究结果进行梳理。

（1）绿色创新影响要素分析

绿色创新的影响要素分析基本上可以分为内部推力与外部拉力两大类，即外部市场、政策、社会导向以及内部的资源、管理导向，其理论基础是在原有的创新理论研究基础上增加了环境规制的内容。本书按照这一思路，对其中有代表性的研究进行了归纳整理如表 1 – 2 所示。

---

① 张钢，张小军．绿色创新研究的几个基本问题［J］．中国科技论坛，2013（4）：12 – 15.

② 张天悦．环境规制的绿色创新激励研究［D］．北京：中国社会科学院博士学位论文，2014：15 – 16.

表 1-2　　绿色创新影响因素研究总结

类别	作者	年份	研究成果
市场导向	Alan①	1998	绿色消费者的购买决定 政府规制、行业标准
	Horbach②	2008	需求、供给
	Midttun③	2010	税收、特定市场
	张小军④	2012	经济收益
	李丹⑤	2013	市场引力
	Gerstlberger⑥	2014	市场关注
	李玉米等⑦	2014	市场需求
	张钢等⑧	2014	预期经济收益
	王海峰等⑨	2014	市场驱动
政策导向	Horbach⑩	2008	政治、制度
	张小军⑪	2012	规章制度
	Diaz - Raineyt⑫	2012	绿色电税

① Alan. M. R, Alan. V. Corporate strategies and environmental regulations: An organizing framework [J]. Strategic Management Journal, 1998 (19): 363 - 375.

②⑩ Horbach. J. Determinants of environmental innovations - new evidence from German panel data sources [J]. Research Policy, 2008, 37 (1): 163 - 173.

③ Midttun. A, Gautesen. K. Feed in or certificates, competition or complementarity? Combining a static efficiency and a dynamic innovation perspective on the greening of the energy industry [J]. Energy Policy, 2010, 49 (2): 1301 - 1315.

④⑪ 张小军. 企业绿色创新战略的驱动因素及绩效影响研究 [D]. 杭州: 浙江大学博士学位论文, 2012: 40 - 53.

⑤ 李丹. 大型煤业集团煤炭绿色供应链系统构建与优化研究 [D]. 阜新: 辽宁工程技术大学博士学位论文, 2013: 33 - 44.

⑥ Gerstlberger. W, Knudsen. M. P, Stampe. L. Sustainable development strategies for product innovation and energy efficiency [J]. Business Strategy and the Environment, 2014, 23 (2): 131 - 144.

⑦ 李玉米, 周霞. 传统产业绿色竞争优势生成路径分析——基于"钻石理论"分析的绿色创新视角 [J]. 电力社会科学, 2014 (2): 68 - 73.

⑧ 张钢, 张小军. 企业绿色创新战略的驱动因素: 多案例比较研究 [J]. 浙江大学学报 (人文社会科学版), 2014 (1): 113 - 123.

⑨ 王海峰, 张天平. 基于生物进化视角的企业绿色创新演化研究 [J]. 湖南科技大学学报 (社会科学版), 2014 (1): 97 - 101.

⑫ Diaz - rainey. I, Tzavara. D. Financing the decarbonized energy system through green electricity tariffs: A diffusion model of an induced consumer environmental market [J], Technological Forecasting and Social Change, 2012 (11): 1693 - 1704.

续表

类别	作者	年份	研究成果
政策导向	李丹①	2013	政府推力
	张天悦②	2014	环境规制
	李玉米等③	2014	环境管制
	王海峰等④	2014	政策驱动 社会驱动
社会导向	张钢等⑤	2014	利益相关者压力
	徐建中⑥	2006	企业文化
管理导向	秦书生⑦	2006	企业文化
	Lampikoski⑧	2012	管理能力
	李丹⑨	2013	社会责任、绿色供应链管理水平
	Gerstlberger⑩	2014	全新的、可持续的管理过程
	Gilli⑪	2014	适应性协同创新
	李玉米等⑫	2014	企业战略
	杨静等⑬	2015	企业战略

①⑨ 李丹．大型煤业集团煤炭绿色供应链系统构建与优化研究［D］．阜新：辽宁工程技术大学博士学位论文，2013：33－44.

② 张天悦．环境规制的绿色创新激励研究［D］．北京：中国社会科学院博士学位论文，2014：21－22.

③⑫ 李玉米，周霞．传统产业绿色竞争优势生成路径分析——基于“钻石理论”分析的绿色创新视角［J］．电力社会科学，2014（2）：68－73.

④ 王海峰，张天平．基于生物进化视角的企业绿色创新演化研究［J］．湖南科技大学学报（社会科学版），2014（1）：97－101.

⑤ 张钢，张小军．企业绿色创新战略的驱动因素：多案例比较研究［J］．浙江大学学报（人文社会科学版），2014（1）：113－123.

⑥ 徐建中，邱尔卫．浅析绿色企业文化［J］．商业研究，2006（10）：205－206.

⑦ 秦书生．绿色文化与绿色技术创新［J］．科技与管理，2006（6）：136－138.

⑧ Lampikoski. T. Green, innovative, and profitable: A case study of managerial capabilities at interface Inc [J]. Technology Innovation Management Review, 2012 (11): 4－12.

⑩ Gerstlberger. W, Knudsen. M. P, Stampe. L. Sustainable development strategies for product innovation and energy efficiency [J]. Business Strategy and the Environment, 2014, 23 (2): 131－144.

⑪ Gilli. M, Mancinelli. S, Mazzanti. M. Innovation complementarity and environmental productivity effects: Reality or delusion? Evidence from the EU [J]. Ecological Economics, 2014, 103 (6): 56－67.

⑬ 杨静，刘秋华，施建军．企业绿色创新战略的价值研究［J］．科研管理，2015（1）：18－25.

续表

类别	作者	年份	研究成果
管理导向	Fabrice①	2015	企业特点、内部战略、管理体系
	刘文辉②	2009	绿色人才
	李丹③	2013	经营能力、资金能力、绿色技术
资源导向	Woo④	2014	企业规模、行业
	李玉米等⑤	2014	创新能力
	张钢等⑥	2014	冗余资源
	Ketata⑦	2015	吸收能力
	杨静等⑧	2015	冗余资源、创新能力

资料来源：作者根据已有研究结果整理。

从以上研究结果可以看出对影响要素的研究范围在不断拓展，显示出绿色创新影响要素的多维性，张小军（2013）[9] 总结出现有研究成果的两种观点：第一种强调经济收益的驱动作用，第二种强调规章制度对绿色创新的诱发作用；Horbach（2008）[10] 同样总结了绿色创新的外部影响要素，将其概括

① Fabrice. G, Ingham. M, Sanja. P. Incentives for green innovations in French manufacturing firms [J]. International Journal of Technology Management & Sustainable Development, 2015, 14 (1): 3 – 15.

② 刘文辉. 企业绿色经营创新研究 [D]. 青岛：中国海洋大学博士学位论文，2009: 47 – 49.

③ 李丹. 大型煤业集团煤炭绿色供应链系统构建与优化研究 [D]. 阜新：辽宁工程技术大学博士学位论文，2013: 33 – 44.

④ Woo. C. W, Chung. Y. H, Chun. D. P. Impact of green innovation on labor productivity and its determinants: An analysis of the Korean manufacturing industry [J], Business Strategy and the Environment, 2014 (11): 567 – 576.

⑤ 李玉米，周霞. 传统产业绿色竞争优势生成路径分析——基于“钻石理论”分析的绿色创新视角 [J]. 电力社会科学，2014 (2): 68 – 73.

⑥ 张钢，张小军. 企业绿色创新战略的驱动因素：多案例比较研究 [J]. 浙江大学学报（人文社会科学版），2014 (1): 113 – 123.

⑦ Ketata. I, Sofka. W, Grimpe. C. The role of internal capabilities and firms' environment for sustainable innovation: Evidence for Germany [J]. R & D Management, 2015, 45 (1): 60 – 75.

⑧ 杨静，刘秋华，施建军. 企业绿色创新战略的价值研究 [J]. 科研管理，2015 (1): 18 – 25.

⑨ 张小军. 企业绿色创新战略的驱动因素及绩效影响研究 [D]. 杭州：浙江大学博士学位论文，2012: 40 – 53.

⑩ Horbach. J. Determinants of environmental innovations – new evidence from German panel data sources [J]. Research Policy, 2008, 37 (1): 163 – 173.

成为需求、供给、制度及政治四个方面；张天悦（2014）① 基于绿色创新的负外部性强调了环境规制对绿色创新的重要影响，从以上的研究结果可以看出市场与政策条件是绿色创新的重要影响因素。但是，唯物辩证法认为事物的内因是事物自身运动的源泉和动力，而外因对事物的发展起着加速或延缓的作用，外因要通过内因才能起作用，因此忽略内因的根本作用，对于绿色创新的影响因素研究无疑是有所欠缺的。Fabrice 等（2015）② 等认为企业实施绿色创新除了有关环境的公共政策以及顾客的环境敏感性之外，还应考虑企业的自身特点、内部战略以及环境管理体系；刘文辉（2009）③ 强调了绿色人才对绿色创新实施的作用；Lampikoski（2012）④ 认为感知、确认、变革这三种管理能力能够使高层管理者培育、管理、实现根本的绿色创新；李巧华（2014）⑤ 在对生产型企业绿色创新的影响因素研究中分析了市场导向、政策导向、组织冗余、管理者对环境的关注等因素对绿色创新的作用。更为综合的研究是张钢等（2011）⑥ 在国外学者学术成果的基础上从环境经济学、创新经济学、战略管理、产业组织四个角度对影响要素进行了梳理：环境经济学派使用案例研究方法在产业与组织的层面上分析环境规制对绿色创新的影响；创新经济学派使用定性研究方法在组织层面上分析技术与需求对绿色创新的驱动作用；战略管理学派使用问卷调查方法在组织层面研究企业内部要素对绿色创新的影响；产业组织学派使用问卷调查的方法在产业与组织的层面研究市场结构对绿色创新的影响。从梳理结果可以看出：绿色创新影响因素的研究框架已基本搭建，为绿色创新能力影响因素研究的不断深入和拓展奠定了基础。

---

① 张天悦．环境规制的绿色创新激励研究［D］．北京：中国社会科学院博士学位论文，2014：21－22.

② Fabrice. G，Ingham. M，Sanja. P. Incentives for green innovations in French manufacturing firms［J］. International Journal of Technology Management & Sustainable Development，2015，14（1）：3－15.

③ 刘文辉．企业绿色经营创新研究［D］．青岛：中国海洋大学博士学位论文，2009：47－49.

④ Lampikoski. T. Green，innovative，and profitable：A case study of managerial capabilities at interface Inc［J］. Technology Innovation Management Review，2012（11）：4－12.

⑤ 李巧华．生产型企业绿色创新：影响要素及绩效相关［D］．成都：西南财经大学博士学位论文，2014：44－52.

⑥ 张钢，张小军．国外绿色创新研究脉络梳理与展望［J］．外国经济与管理，2011（8）：25－32.

（2）绿色创新的内涵及构成维度

对绿色创新的发展脉络进行梳理，可以看出对绿色创新的定义视角多样，用法并不统一：周力（2010）① 认为“绿色创新”的结果都将体现为有益于节能减排的技术进步，并将绿色创新拓展为基于技术创新、产品创新、制度创新、观念创新等途径推进企业与环境系统协调发展的创造性活动；潘锡杨等（2014）② 在科技伦理的视阈下强调绿色创新应着眼于企业整个运作流程，在供应链上的每一个环节高效利用有限资源，实现环境、经济、社会效益的“三赢”；Olson（2013）③ 在价值链研究的视阈下强调构架绿色创新价值链，专注于由关键利益相关者代表的绿色产品价值的改变；在战略研究的视阈下Porter（1991）④ 认为绿色创新战略是企业根据所处的外部环境和自身条件，采用“绿色技术”及“清洁技术”而对生产和经营进行变革和改进以实现减少环境污染、节约资源、减少浪费、改善环境的目标这一过程；Hart（1997）⑤ 进一步将绿色创新战略划分为防治污染、产品管理、清洁技术三种模式；Renning（2000）⑥ 对环境创新的定义比较全面，他认为该定义是指相关参与者发展新思想、行为、产品、过程并将其应用到减轻环境负担以及实现特定可持续发展目标的行为；在后续研究中 Renning 等（2013）⑦ 进一步阐释环境创新的动力也可能是来自诸如提高企业利润以及提高产品质量、环境创新的收益，是企业与客户收益的集合。从 Lampikoski 等（2014）⑧ 列举的关于绿色创新的概念中可以概括出：绿色创新旨在通过产品、过程、技术、市场、管理实践、组织方法、社会及制度结构等的创新实现保护环境、未来资源并促进企业竞争力增长的目的。

---

① 周力．中国绿色创新的空间计量经济分析［J］．资源科学，2010（5）：932－938.

② 潘锡杨，李建清．科技伦理视阈下的绿色创新研究［J］．自然辨证法研究，2014（6）：82－88.

③ Olson. E. L. Perspective：The green innovation value chain：A tool for evaluating the diffusion prospects of green products［J］. Journal of Product Innovation Management，2013，30（4）：782－793.

④ Porter. M. E. America's green strategy［J］. Scientific American，1991，264（4）：168.

⑤ Hart. S. L. Beyoud green strategy：strategies for sustainable world［J］. Harvard Business Review，1997，75（1）：66－76.

⑥ Renning. K. Redefining innovation eco－innovation research and contribution from ecological economics［J］. Ecological Economics，2000，32（2）：319－332.

⑦ Renning. K，Markewitz. P，Vögele. S. How clean is clean? Incremental versus radical technological change in coal－fired power plants［J］. Journal of Evolutionary Economics，2013（23）：331－335.

⑧ Lampikoski. T，Westerlund. M，Rajala. R，Moller. K. Green innovation games：Value－creation strategies for corporate sustainability［J］. California Management Review，2014，57（10）：88－117.

对绿色创新定义在不断泛化，张钢等（2011）①、张小军（2012）② 等认为学术界既然没有给出一个能广为理解、接受的绿色创新定义，就将绿色创新的定义归纳为降低环境影响、引入环境绩效及环境的改进三种，并从环境经济学、创新经济学、产业组织、战略管理等四个视角对其进行梳理（见表1－3）；曲峰庚等（2013）③ 将绿色创新定义为描述绿色要素投入为特征的“跃迁过程”的一系列基本生产函数；应瑞瑶等（2009）④ 总结认为能够促使能源—经济—环境系统协调发展的所有创造性活动都可以称为绿色创新，以上表述尽管视角不同、表达各异，但对绿色创新的内涵及绿色创新对企业战略意义的理解基本一致。

表1－3　　　　　　　　　绿色创新研究的四个视角

研究视角	环境经济学	创新经济学	产业组织	战略管理
分析层面	产业、组织	组织	产业、组织	产业
研究目的	环境规制对企业创新行为以及创新力的影响作用	企业绿色创新的驱动因素	市场结构对绿色创新的影响机制	绿色创新战略对企业竞争优势的获得、维持作用
研究方法	案例为主	定性分析为主	问卷调查为主	问卷调查为主
研究局限	环境规制对绿色创新的驱动机制	缺乏实证检验	市场要素对绿色创新的影响	绿色创新战略对竞争优势作用

资料来源：根据张钢等（2011）⑤研究整理。

除了以上对绿色创新内涵的定义，还有众多学者对绿色创新的构成维度进行了研究，目前的研究文献对绿色创新构成维度的划分大致可以分为三个视角：即系统分析视角、对象分析视角和技术分析视角，相关研究总结见表1－4。

---

①⑤　张钢，张小军．国外绿色创新研究脉络梳理与展望［J］．外国经济与管理，2011（8）：25－32.

②　张小军．企业绿色创新战略的驱动因素及绩效影响研究［D］．杭州：浙江大学博士学位论文，2012：30－39.

③　曲峰庚，董宇鸿．绿色创新——新经济时代企业成长动力［M］．北京：经济科学出版社，2013：19－29.

④　应瑞瑶，周力．资源禀赋与绿色创新——从中国省际数据的经验研究看“荷兰病”之破解［J］．财经研究，2009（11）：92－102.

表 1-4　　绿色创新构成维度研究总结

视角	作者	年份	维度划分
系统分析视角	丁堃①	2008	绿色创新系统
对象分析视角	刘文辉②	2009	绿色生产、绿色营销、绿色管理
	王建明等③	2010	绿色技术创新、绿色生产创新、绿色营销创新
	曲峰庚等④	2013	绿色价值、绿色创新战略、绿色技术创新、绿色产品创新、绿色运营、绿色知识管理、绿色协同创新
	Lampikoski⑤	2014	产品及服务创新、过程及材料创新、管理能力 理智博弈、协同博弈、根本博弈、全面博弈
	潘锡杨等⑥	2014	绿色设计、绿色材料、绿色制造、绿色营销、绿色物流、绿色回收
	李巧华⑦	2014	绿色产品创新、绿色工艺创新
	Woo⑧	2014	企业导向创新、市场导向创新
	Hoogendoom⑨	2015	绿色过程、绿色产品及服务
技术分析视角	Rennings⑩	2013	渐进式绿色技术创新、突破式绿色技术创新
	Chen⑪	2014	绿色共享视角、绿色吸收能力、组织双元性

资料来源：作者根据已有研究结果整理。

---

① 丁堃. 论绿色创新系统的创生机理及培育对策 [J]. 科技管理研究，2008 (12)：6-8.

② 刘文辉. 企业绿色经营创新研究 [D]. 青岛：中国海洋大学博士学位论文，2009：17-21.

③ 王建明，陈红喜，袁瑜. 企业绿色创新活动的中介效应实证 [J]. 中国人口·资源与环境，2010 (6)：111-117.

④ 曲峰庚，董宇鸿. 绿色创新——新经济时代企业成长动力 [M]. 北京：经济科学出版社，2013：19-29.

⑤ Lampikoski. T，Westerlund. M，Rajala. R，Moller. K. Green innovation games：Value creation strategies for corporate sustainability [J]. California Management Review，2014，57 (10)：88-117.

⑥ 潘锡杨，李建清. 科技伦理视阈下的绿色创新研究 [J]. 自然辨证法研究，2014 (6)：82-88.

⑦ 李巧华. 生产型企业绿色创新：影响因素及绩效相关 [D]. 成都：西南财经大学博士学位论文，2014：53-54.

⑧ Woo. C. W，Chung. Y. H，Chun. D. P. Impact of green innovation on labor productivity and its determinants：An analysis of the Korean manufacturing industry [J]. Business Strategy and the Environment，2014 (11)：567-576.

⑨ Hoogendoorn. B，Guerra. D，Zwan. P. What drives environmental practices of SMEs? [J]. Small Business Economics，2015，44 (4)：759-781.

⑩ Renning. K，Markewitz. P，Vögele. S. How clean is clean? Incremental versus radical technological change in coal-fired power plants [J]. Journal of Evolutionary Economics，2013 (23)：331-335.

⑪ Chen. Y. S，Chang C. H，Lin Y. H. The determinants of green radical and incremental innovation performance：Green shared vision，green absorptive capability，and green organizational ambidexterity [J]. Sustainability，2014 (6)：7787-7806.

从以上研究结果可以看出绿色创新是企业为主体的以实现企业、社会、环境三方可持续发展为目标的多领域、多主体、多类型的创新活动的集合(董颖等，2010)①。微观层面而言其研究重点集中在产品、技术领域；中观层面则集中在产品服务系统、供应链、产业创新等方面，类型包括组织、商业模式创新等。不同的企业、行业乃至于地区、国家其绿色创新的方式迥异，这既由企业自身的资源、特点所决定，又源于绿色创新目标的综合性，需要供应商、顾客、政府、中介机构、行业协会、科研院所共同完成，不同的企业与以上各方的关系、协作模式、作用大小也有所不同，因此导致企业绿色创新的作用机制与模式的多样性，才会有如此纷纭复杂的维度划分，同时绿色创新定义的宽泛性以及模糊性也使绿色创新的构成维度具有结构宽泛的特点。

(3) 绿色创新绩效

对绿色创新绩效的研究是要解决绿色创新“怎么样”的问题，对于这一问题的研究目前主要集中在基于“零和”观点的新古典经济学与基于“双赢”观点的波特假说（Porter Hypothesis）之间的矛盾上，即环境效益与经济效益是否可以兼得的问题。传统经济学基于成本分析研究视角，认为注重环境规制会增加企业的成本进而造成企业竞争力下降，而 Porter（1991)② 认为短期来看环境规制确实会造成企业经营成本的上升，但是长期来看有效的环境规制可以促进创新，进而提高企业的竞争力，实现环境与企业效益的双赢，这种双赢的观点就是“波特假说”。因此对于绿色创新绩效的争论也可以归结为对“波特假说”有效性的争论。张天悦（2014)③、董颖等（2013)④、赵细康（2006)⑤ 均对“波特假说”进行了比较系统的分析和梳理，结合各位学者的研究成果，双方的区别总结如表 1－5 所示。

---

① 董颖，石磊．生态创新的内涵、分类体系与研究进展［J］．生态学报，2010（9）：2465－2474.

② Porter. M. E. America's green strategy［J］. Scientific American，1991，264（4）：168.

③ 张天悦．环境规制的绿色创新激励研究［D］．北京：中国社会科学院博士学位论文，2014：30－37.

④ 董颖，石磊．“波特假说”——生态创新与环境管制的关系研究述评［J］．生态学报，2013（2）：809－824.

⑤ 赵细康．引导绿色创新——技术创新导向的环境政策研究［M］．北京：经济科学出版社，2006：23－68.

表 1-5　新古典经济学与波特假说的对比

焦点	赞同方	反对方
理论基础	企业利润最大化的偏离	企业利润最大化
假设前提	动态模式 技术动态 技术动态 存在 X—无效率现象	静态模式 技术、产品和生产模式不变 完全信息 不存在 X—无效率现象
研究范式	基于管理学理论	基于经济学理论
分析视角	利润最大化	成本最小化
影响机制	环境管制—创新激励—成本节约—竞争力提升	环境管制—外部成本内部化—成本提高—竞争力下降
环境政策作用	改进效率 推动创新 节省能源 提高效率 降低污染	挤出效应 约束效应 竞争力下降 区域转移 区位选择
实证检验	部分个案和检验结果支持	部分检验结果支持

资料来源：根据张天悦（2014）、董颖（2013）、赵细康（2006）研究整理。

绿色创新中的“生态”和“创新”两个要素都可以引致外部性。就“生态”而言，环境问题因其“公共品”属性而具有负的外部性；就“创新”而言，创新因为存在巨大的风险在研发阶段具有明显的负外部性，外部性导致了环境规制与绿色创新关系的复杂性，对于绿色创新绩效的研究结果也表现出多样性和不确定性，这也为后续研究留下了继续探索的空间。

综上所述，目前学术界对绿色创新的研究第一要厘清概念的内涵和外延；第二要确定构成要素之间的关系、结构、功能、演化过程、作用机制；第三要分析绿色创新绩效的指标构成以及基础数据。此外绿色创新的研究近几年又出现了新的研究趋势，例如绿色产品在次级市场价值保留问题（Majid 等，2015）①、环境创新领导力（Chassagnon 等，2015）②、协同（曲

① Majid. K. A，Russell. C. A. Giving green a second thought：Modeling the value retention of green products in the secondary market [J]. Journal of Business Research，2015，68（5）：994-1002.

② Chassagnon. V，Haned. N. The relevance of innovation leadership for environmental benefits：A firm-level empirical analysis on French firms [J]. Technological Forecasting and Social Change，2015（2）：194-207.

峰庚等，2013)[①]，反映出绿色创新研究的多元性和宽泛性，同时也反映出绿色创新研究的不断深入，以及对绿色创新研究的日益重视。

但是，由于绿色创新具有双重外部性，因此对绿色创新的研究又与一般创新的研究相区别，使绿色创新在许多领域留有进一步探索的空间，同时对绿色创新概念的描述多侧重于定性描述，较少与中国环境规制政策的实际情况相联系，尤其是由于中国能源结构的特殊性和经济发展的迫切要求，对于一些高能耗、高污染行业开展绿色创新的需求尤为强烈，对此方面的研究理应是绿色创新研究今后发展的重心。

1.3.2 协同创新研究综述

“协同学”（Synergetics）源于希腊文，意为“协调合作之学”。协同学研究的鼻祖——哈肯（Haken，1995)[②] 希望这一概念会让人们发现：尽管大自然展示的结构千差万别，但人们依然可以认定一些统一的基本规律，来说明结构是怎样形成的，基于此“协同”（Synergy）的概念以及“创新”（Innovation）的理论，美国麻省理工学院斯隆中心（MIT Sloan's Center for Collective Intelligence）的研究员葛洛（Gloor）给出了协同创新的定义“由自我激励的人员所组成的网络小组形成集体愿景、借助网络交流思路、信息及工作状况，合作实现共同的目标”（陈劲，2012)[③]。因此协同创新（Synergy Innovation）是系统科学思想在创新系统顶层设计活动中的必然体现（杨林等，2015)[④]。现有文献大多将整合（Integration）与协同混用，但事实上整合强调各子系统的一致性而协同则强调各要素之间复杂的非线性相互作用，因此可以将整合视为协同的前提和基础，亦是协同的方法和过程，可以认为协同涵盖了互动（Interaction）、合作（Collaboration）、整合（Integration）的意义，是互动、合作、整合的结果。

近 10 年来，创新成为企业发展的关键动力与前提，单一的企业资源已无法满足企业创新的迫切需求，为了快速、有效利用企业内外的各类资源，企

---

① 曲峰庚，董宇鸿. 绿色创新——新经济时代企业成长动力［M］. 北京：经济科学出版社，2013：267 - 297.

② 赫尔曼·哈肯. 协同学［M］. 凌复华译，上海：上海译文出版社，1986：5.

③ 陈劲. 协同创新［M］. 杭州：浙江大学出版社，2012：10 - 18.

④ 杨林，柳洲. 国内协同创新研究评述［J］. 科学学与科学技术管理，2015（3）：50 - 54.

业的组织形式与资源配置方式已发生根本变化，企业的发展模式具有开放、合作化、网络化和动态性的特征（楼高翔，2009）[①]。企业间协同也加快了知识、信息、技术、资源在企业间的流动，促进了企业创新绩效的提升。鉴于此，对协同创新的研究越来越深入多元：涉及协同演化过程（付敬，2013,）[②]、协同方式（董晓宏等，2007）[③]、协同效应（唐清泉等，2014）[④]、协同创新系统研究（喻汇，2009）[⑤]、能力评价（苏仙娜等，2013）[⑥]、协同创新网络平台（王帮俊等，2015）[⑦]、协同知识创新（李朝明等，2010）[⑧] 等。协同创新的内涵也进行着不断深化和丰富：蔡剑（2012）[⑨] 以跨学科方式研究协同创新，从人与自然、社会的协同关系上强调人的主观能动性在协同创新中重要作用；陈劲（2012）[⑩] 拓展了已有的协同创新研究范式，建立了科技、经济、教育协同创新范式，其关键在于构建以产学研为核心主体，以政府、各级金融机构、各类中介组织、创新平台等为辅助主体的多元协同互动的网络创新模式，通过知识创造主体和技术创新主体间的深入合作和资源整合，产生“1＋1＋1＞3”的非线性效用；在协同创新的具体研究方面，贺新闻等（2015）[⑪] 梳理了跨组织横向协同创新的发展脉络，认为跨组织横向协同创新是将产学研等组织在同一产业中的能力与资源进行有效整合并创造更大效用的系统，将协同视为一跨组织系统；从组织内部视角来看，陈光（2005）[⑫]

---

① 楼高翔．供应链技术创新协同研究［D］．上海：上海交通大学博士学位论文，2009：4.

② 付敬，朱桂龙，樊霞．企业合作创新模式与能力的协同演化研究［J］．中国科技论坛，2013（8）：67－74.

③ 董晓宏，张红霞，胡斌．企业多要素协同创新过程研究［J］．经济研究导刊，2007（5）：25－27.

④ 唐清泉，巫岑．基于协同效应的企业内外部 R&D 与创新绩效研究［J］．管理科学，2014（9）：12－23.

⑤ 喻汇．基于技术联盟的企业协同创新系统研究［J］．工业技术经济，2009（4）：124－128.

⑥ 苏先娜，樊理山．基于创新协同理论的企业技术创新能力评价指标体系研究［J］．山东纺织经济，2013（7）：19－21.

⑦ 王帮俊，周敏，吉峰．基于“三螺旋”理论模型的煤炭产学研协同创新网络平台研究［J］．中国矿业大学学报（社会科学版），2015（3）：56－60.

⑧ 李朝明，黄利萍．动态能力、协同知识创新和企业持续竞争力的关系研究［J］．科技进步与对策，2010（11）：17－20.

⑨ 蔡剑．协同创新论［M］．北京：北京大学出版社，2012：207.

⑩ 陈劲．协同创新［M］．杭州：浙江大学出版社，2012：29.

⑪ 贺新闻，辛吉勋．跨组织横向协同创新研究综述［J］．科学管理研究，2015（4）：10－11＋19.

⑫ 陈光．企业内部协同创新研究［D］．成都：西南交通大学博士学位论文，2005：54.

认为“以战略为导向，以协同度为核心，通过核心要素（技术与市场）与支撑要素（战略、文化、制度、组织、管理、资源等）的协同作用实现整体协同效应”；苏先娜等（2013）① 基于创新协同理论研究企业技术创新能力评价指标体系，将企业协同创新系统定义为企业在创新过程中，同高等院校、科研机构、科技中介服务机构、政府等创新主体，通过各种交互作用和协同效应，彼此建立起长期稳定的协作关系，实现聚集优势、知识流动、技术转移等目标的开放创新系统。除以上学者的系统研究视角之外，张方（2011）②认为协同创新是企业与外部环境之间的关系，既相互竞争、制约，又相互协同、收益，旨在通过复杂的非线性相互动，产生单个企业无法实现的整体协同效应的过程，这一概念强调了协同创新的过程性与非线性。从以上学者的定义中可以看出协同创新与其他创新的区别在于创新要素的作用方式以及创新实现方式的不同。因此它从战略层面分析创新资源的有效配置、创新结构的系统优化、创新主体的绩效提升提供了新的研究视角，以下本书依旧按照影响要素—维度划分—创新绩效这一逻辑顺序对协同创新的已有研究进行评述。

（1）协同创新影响要素分析

首先，任何一个系统的创新行为都是系统内部特征与外部环境条件相互影响、相互作用乃至相互适应的过程，即随着组织内外运行环境变化，创新的主导逻辑与实施机制也发生了根本的变化。这是由于组织这一复杂系统，具有在一定条件下通过系统的自组织过程产生出有序的组织结构，这种由无序到有序的转变与周围环境存在直接关系，既受环境的影响同时又作用于环境，这是协同创新发生的根本动因。尤其是21世纪以来，由于互联网技术普及以及生产规模的扩大，单个企业不可能独立完成一些市场风险大、资金需求量大、基础理论要求高的创新项目，需要多方协同，即无论是小企业还是资本雄厚、实力较强的大型企业都会在价值链的某个环节或者多个环节与其他组织进行协同创新，尤其对于能源产业，由于企业规模大、创新活动涉及的要素多，并且其创新绩效对经济发展、环境保护起着非常重要的作用，更

---

① 苏先娜，樊理山．基于创新协同理论的企业技术创新能力评价指标体系研究［J］．山东纺织经济，2013（7）：19－21.

② 张方．协同创新对企业竞争优势的影响——基于熵理论及耗散结构论［J］．社会科学家，2011（8）：78－81.

需要各方协同完成。综上所述，协同创新的实施、发展要受到企业外部环境与企业内部特征共同影响（张琼妮，2014）①，因此按照这两个维度对企业协同创新的影响要素进行系统梳理，如表1－6所示。

表1－6　　协同创新影响要素研究成果总结

维度	作者	年份	研究成果
环境层面	Pierre②	2003	产业条件、政府支持对协同创新机制的影响
	董晓宏③	2007	市场、技术、外部信息对企业多要素协同的影响
	楼高翔④	2009	经济利益、行业特点、项目条件、伙伴关系影响供应链创新协同机制
	喻汇⑤	2009	技术环境、竞争对手、替代技术、技术政策、技术盈利率、技术领先度、技术转换率、技术成熟率对企业协同创新系统的影响
	谷立霞⑥	2010	市场引导系统、政策调控系统、社会支撑系统对企业全要素协同的影响
	石芝玲⑦	2010	政府因素、知识产权保护、创新服务机构对协同创新的影响
	陈劲⑧	2012	科技、市场、文化要素驱动协同创新
	Lauritzen⑨	2013	使用者联盟与制造者协同
	王进富⑩	2013	政府科技政策

---

① 张琼妮．网络环境下区域协同创新平台模式与机制及政策研究［D］．杭州：浙江工商大学博士学位论文，2014：40－42.

② Pierre. M, Cathy. H. What type of enterprise forges close links with universities and government labs? Evidence from CIS［J］. Managerial and Decision Economics, 2003（24）：133－145.

③ 董晓宏，张红霞，胡斌．企业多要素协同创新过程研究［J］．经济研究周刊，2007（12）：25－27.

④ 楼高翔．供应链技术创新协同研究［D］．上海：上海交通大学博士学位论文，2009：35－52.

⑤ 喻汇．基于技术联盟的企业协同创新系统研究［J］．工业技术经济，2009（4）：124－128.

⑥ 谷立霞，王贤．基于全要素协同的高碳产业低碳化创新系统研究［J］．科技进步与对策，2010（11）：77－80.

⑦ 石芝玲．基于技术能力和网络能力协同的企业开放式创新研究——以高新技术企业为例［D］．天津：天津大学博士学位论文，2010：46－60.

⑧ 陈劲．协同创新［M］．杭州：浙江大学出版社，2012：41－43.

⑨ Lauritzen, G. D, Salomo. S, LaCour. A. Dynamic boundaries of user communities: exploiting synergies rather than managing dilemmas［J］. International Journal of Technology Management, 2013（3－4）：148－168.

⑩ 王进富，张颖颖，苏世彬，等．产学研协同创新机制研究［J］．科技进步与对策，2013（8）：1－6.

续表

维度	作者	年份	研究成果
环境层面	Bolli①	2013	在竞争压力下，价格竞争对企业纵向协同的影响，质量竞争对横向产学研的影响
	张琼妮②	2014	主体间关系因素、协同创新环境因素、技术保障因素对搭建协同创新平台的作用
	王翠霞③	2014	创新政策、创新服务、战略因素、联盟组织、人事安排、关系因素、知识因素、创新资源和软能力对国家创新系统产学研协同的影响
	王帮俊④	2015	科技力量和文化力量对煤炭产学研协同创新网络平台的影响
	杨林⑤	2015	技术推动力、市场需求拉动力、市场竞争压力以及政府支持力对协同创新的影响
	Padula⑥	2008	企业联盟对创新绩效的促进作用
企业特质	Pierre⑦	2003	企业规模、组织关系、并购行为、内部研发、非研发的创新支出、根本性创新、专利技术的应用对协同创新的影响
	许庆瑞⑧	2005	组织结构形式、创新战略类型、企业文化类型对创新要素全面协同程度的影响
	陈光⑨	2005	人员关系、组织结构、战略文化、信息沟通
	董晓宏⑩	2007	战略、组织、人员、内部信息对企业多要素协同的作用

---

① Bolli. T, Woerter. M. Competition and R&D cooperation with universities and competitors [J]. Journal of Technology Transfer, 2013 (6): 768 -787.

② 张琼妮. 网络环境下区域协同创新平台模式与机制及政策研究 [D]. 杭州：浙江工商大学博士学位论文，2014：40 -42.

③ 王翠霞. 国家创新系统产学协同创新机制研究——基于复杂系统理论 [D]. 杭州：浙江大学博士学位论文，2014：119 -137.

④ 王帮俊，周敏，吉峰. 基于“三螺旋”理论模型的煤炭产学研协同创新网络平台研究 [J]. 中国矿业大学学报（社会科学版），2015 (3)：56 -60.

⑤ 杨林，柳洲. 国内协同创新研究评述 [J]. 科学学与科学技术管理，2015 (3)：50 -54.

⑥ Padula. G. Enhancing the innovation performance of firms by balancing cohesiveness and bridging ties [J]. Long Range Planning, 2008 (4): 395 -419.

⑦ Pierre. M, Cathy. H. What type of enterprise forges close links with universities and government labs? Evidence from CIS [J]. Managerial and Decision Economics, 2003 (24): 133 -145.

⑧ 许庆瑞，蒋键，郑刚. 各创新要素全面协同程度与企业特质的关系实证研究 [J]. 研究与发展管理，2005 (6)：16 -21.

⑨ 陈光. 企业内部协同创新研究 [D]. 成都：西南交通大学博士学位论文，2005：82.

⑩ 董晓宏，张红霞，胡斌. 企业多要素协同创新过程研究 [J]. 经济研究周刊，2007 (12)：25 -27.

续表

维度	作者	年份	研究成果
企业特质	喻汇①	2009	管理制度、企业文化、发展战略、组织模式对企业协同创新系统的影响
	谷立霞②	2010	人力资源、财力资源、物质资源、信息资源对企业全要素协同的影响
	李朝明③	2010	动态能力对协同知识创新的影响
	石芝玲④	2010	技术学习机制、组织支持机制对协同创新的影响
	王晓静⑤	2012	战略导向、组织文化、沟通机制、激励机制
	王进富⑥	2013	企业合作创新能力
	Mu⑦	2014	网络能力、网络结构、产品开发绩效之间的关系
	Kleis⑧	2014	研发、信息投入的协同效应
	肖冰果⑨	2014	组织间信任与知识共享对协同创新的影响
	王帮俊⑩	2015	文化和利益对煤炭产学研协同创新网络平台的影响
	杨林⑪	2015	利益驱动是协同创新的根本内动力

资料来源：作者根据已有研究结果整理。

---

① 喻汇．基于技术联盟的企业协同创新系统研究［J］．工业技术经济，2009（4）：124－128.

② 谷立霞，王贤．基于全要素协同的高碳产业低碳化创新系统研究［J］．科技进步与对策，2010（11）：77－80.

③ 李朝明，黄利萍．动态能力、协同知识创新和企业持续竞争力的关系研究［J］．科技进步与对策，2010（11）：17－20.

④ 石芝玲．基于技术能力和网络能力协同的企业开放式创新研究——以高新技术企业为例［D］．天津：天津大学博士学位论文，2010：46－60.

⑤ 王晓静．企业集团研发协同与研发绩效的实证研究［D］．济南：山东大学博士学位论文，2012：51－76.

⑥ 王进富，张颖颖，苏世彬，等．产学研协同创新机制研究［J］．科技进步与对策，2013（8）：1－6.

⑦ Mu. Jifeng. Networking capability, network structure, and new product development performance［J］. IEEE Transactions on Engineering Management, 2014（4）：599－609.

⑧ Kleis. L, Nault. B. R, Dexter. A. S. Producing synergy：innovation, IT, and productivity［J］. Decision Sciences, 2014（5）：939－969.

⑨ 肖冰果．创新协同网络组织间信任建立与知识共享机理研究［J］．科技和产业，2014（11）：127－130＋166.

⑩ 王帮俊，周敏，吉峰．基于“三螺旋”理论模型的煤炭产学研协同创新网络平台研究［J］．中国矿业大学学报（社会科学版），2015（3）：56－60.

⑪ 杨林，柳洲．国内协同创新研究评述［J］．科学学与科学技术管理，2015（3）：50－54.

从以上的总结梳理可以看出，协同创新的影响要素涉及国家宏观政策的制定者、各类行业及金融中介、企业的关联伙伴、企业所有者、管理者、员工等多方主体，力图打破部门、组织、领域、区域甚至国家的界限，整合内外部多方资源，将组织特质与环境特征有效结合，实现单独要素所无法实现的整体协同效应。除以上影响要素的划分维度外，任宗强（2012）[①] 通过研究内外网络的协同机制对创新绩效的影响以及外部环境条件的协调作用，将影响要素的研究从内外两个单独的维度延伸到内外交互这一层面，拓宽了协同创新影响要素的分析视角。先进的技术手段对协同创新影响的研究也在深入：Brad 等（2009）[②] 研究 Sigma – TRIZ 以及知识管理软件平台在创新系统协同过程中如何激励创新以及节约成本方面的作用，蔡剑（2012）[③] 在《协同创新论》中描述了网络社会的基本构成要素、运行机制、演化机制，进而分析以上诸多要素、现象是如何通过符号技术以及语言工具影响社会协同创新，这些研究从系统的、网络的、技术的等多种角度进一步分析在新的政治、经济、技术环境下"为什么"要进行协同创新，以上学者对协同创新影响要素的确定与阐释为本书对协同创新影响要素的分析提供了重要的理论来源。

（2）协同创新的内涵及构成维度

协同创新的研究重点是对协同过程的分析，首先要明确创新过程是知识学习、转移和整合再造的过程（夏丽娟等，2014）[④]，"培育促进新思想的协同是创新产生的源头"（Nelson，2003）[⑤]。在动态复杂的宏观环境条件下，创新需要各个创新主体间有效协同，因此协同的模式、机制、协同的演化过程、协同系统的构成也成为学术界关注的重点，下面从模式视角以及过程视角即静态和动态两个维度对协同创新运行机制的研究进行系统梳理，如表 1 – 7 所示。

---

① 任宗强．基于创新网络协同提升企业创新能力的机制与规律研究［D］．杭州：浙江大学博士学位论文，2012：77 – 80.

② Brad. S，Fulea. M，Brad. E，Mocan. B. Systematic integration of innovation in process improvement projects using the enhanced Sigma – TRIZ algorithm and its effective use by means of a knowledge management software platform［J］. Informatica Economică Journal，2009（4）：75 – 89.

③ 蔡剑．协同创新论［M］．北京：北京大学出版社，2012：135 – 154.

④ 夏丽娟，谢富纪．多维临近视角下的合作创新研究评述与未来展望［J］．外国经济与管理，2014（11）：45 – 54.

⑤ Nelson. B，Kahn. B. The seeds of innovation：Cultivating the synergy that fosters new ideas［J］. Journal of Product Innovation Management，2003（5）：424 – 425.

表1-7 协同创新运行机制研究成果总结

维度	研究者	年份	研究成果
协同模式视角	许庆瑞①	2004	协同创新要素主导类型
	许庆瑞②	2005	创新要素全面协同与企业特质的关系
	楼高翔③	2009	供应链技术创新协同伙伴选择及契约设计
	喻汇④	2009	企业协同创新系统
	谷立霞⑤	2010	全要素协同创新系统
	石芝玲⑥	2010	技术能力与网络能力协同的创新机理
	李朝明⑦	2010	动态能力、协同知识创新与企业持续竞争力的关系
	孙冰⑧	2011	技术创新成员、要素协同关系及模式
	陈劲⑨	2012	协同创新运行机制
	王晓静⑩	2012	母子公司协同、子公司间协同、公司内部协同
	任宗强⑪	2012	内外创新网络协同作用机制
	王林秀⑫	2013	资源协同创新开发模式
	苏先娜⑬	2013	企业协同创新系统
	王进富⑭	2013	产学研协同创新机制

① 许庆瑞，谢章澍．企业创新协同及其演化模型研究［J］．科学学研究，2004（1）：327－332.

② 许庆瑞，蒋键，郑刚．各创新要素全面协同程度与企业特质的关系实证研究［J］．研究与发展管理，2005（6）：16－21.

③ 楼高翔．供应链技术创新协同研究［D］．上海：上海交通大学博士学位论文，2009：54－93.

④ 喻汇．基于技术联盟的企业协同创新系统研究［J］．工业技术经济，2009（4）：124－128.

⑤ 谷立霞，王贤．基于全要素协同的高碳产业低碳化创新系统研究［J］．科技进步与对策，2010（11）：77－80.

⑥ 石芝玲．基于技术能力和网络能力协同的企业开放式创新研究——以高新技术企业为例［D］，天津：天津大学博士学位论文，2010：28－43.

⑦ 李朝明，黄利萍．动态能力、协同知识创新和企业持续竞争力的关系研究［J］．科技进步与对策，2010（11）：17－20.

⑧ 孙冰、赵健．技术创新协同研究综述［J］．情报杂志，2011（11）：76－81.

⑨ 陈劲．协同创新［M］．杭州：浙江大学出版社，2012：57－133.

⑩ 王晓静．企业集团研发协同与研发绩效的实证研究［D］．济南：山东大学博士学位论文，2012：51－76.

⑪ 任宗强．基于创新网络协同提升企业创新能力的机制与规律研究［D］．杭州：浙江大学博士学位论文，2012：125－150.

⑫ 王林秀，王丽娜．枯竭型矿区资源协同创新开发模式［J］．科技进步与对策，2013（12）：96－99.

⑬ 苏先娜，樊理山．基于创新协同理论的企业技术创新能力评价指标体系研究［J］．山东纺织经济，2013（7）：19－21.

⑭ 王进富，张颖颖，苏世彬，刘江南．产学研协同创新机制研究［J］．科技进步与对策，2013（8）：1－6.

续表

维度	研究者	年份	研究成果
协同模式视角	张琼妮①	2014	区域协同创新平台的构建
	唐清泉等②	2014	企业内外部研发协同
	刘钒③	2014	协同创新平台
	桑红莉④	2014	技术与制度协同创新模型
	王翠霞⑤	2014	国家创新系统产学研协同静态及动态机制
	唐震⑥	2016	产学研协同创新平台
	贺新闻⑦	2015	跨组织横向协同模式、运行机制
	王帮俊⑧	2015	产学研协同创新网络平台
	Song⑨	1997	技术、协同、设计敏感度对新产品绩效的影响
协同过程视角	许庆瑞⑩	2004	企业创新协同演化
	陈光⑪	2005	协同创新过程
	董晓宏⑫	2007	多要素协同创新过程研究
	任宗强⑬	2012	创新网络中的协同创新与能力动态演化

资料来源：作者根据已有研究结果整理。

---

① 张琼妮．网络环境下区域协同创新平台模式与机制及政策研究［D］．杭州：浙江工商大学博士学位论文，2014：82－85.

② 唐清泉，巫岑．基于协同效应的企业内外部 R&D 与创新绩效研究［J］．管理科学，2014（9）：12－23.

③ 刘钒，李光．湖北省协同创新平台的发展现状与对策研究［J］．湖北社会科学，2014（1）：61－67.

④ 桑红莉，谭旭红，王博，等．技术创新与制度创新协同模型构建——基于黑龙江省煤炭行业［J］．煤炭经济研究，2014（4）：41－43.

⑤ 王翠霞．国家创新系统产学协同创新机制研究——基于复杂系统理论［D］．杭州：浙江大学博士学位论文，2014：147－182.

⑥ 唐震，汪洁，王洪亮．EIT 产学研协同创新平台运行机制案例研究［J］．科学学研究，2015（1）：155－160.

⑦ 贺新闻，辛吉勋．跨组织横向协同创新研究综述［J］．科学管理研究，2015（4）：10－11＋19.

⑧ 王帮俊，周敏，吉峰．基于“三螺旋”理论模型的煤炭产学研协同创新网络平台研究［J］．中国矿业大学学报，2015（3）：56－60.

⑨ Song. X. M，Souder. W. E，Dyer. B. A causal model of the impact of skills，synergy，and design sensitivity on new product performance［J］. Journal of Product Innovation Management，1997（2）：88－101.

⑩ 许庆瑞，谢章澍．企业创新协同及其演化模型研究［J］．科学学研究，2014（1）：327－332.

⑪ 陈光．企业内部协同创新研究［D］．成都：西南交通大学博士学位论文，2005：75－110.

⑫ 董晓宏，张红霞，胡斌．企业多要素协同创新过程研究［J］．经济研究周刊，2007（12）：25－27.

⑬ 任宗强．基于创新网络协同提升企业创新能力的机制与规律研究［D］．杭州：浙江大学博士学位论文，2012：153－183.

从以上的总结可以看出协同创新的研究维度又可以进一步细分为跨时空协同维度、要素组合维度、各层次协同维度、组织内外协同维度（任宗强，2012）①。其中有两个热点：一是随着网络组织的形成以及网络经济技术的发展，基于网络理论的协同创新模式成为战略管理、供应链管理、创新管理研究的热点，网络可分为企业内部网络与外部网络，创新通过企业内部各部门之间的协同、企业与客户之间的二元协同、整个供应链的三元协同以及与科研院所等组织进行的多元网络协同来实现的。但是现有的合作创新模式基本上着重于分别考察不同类型的合作创新模式，而没有关注不同类型合作创新之间的关系（冯泰文等，2013）②，而协同创新是合作创新的深化、拓展，因此协同创新的内在机制仍留有继续探索的空间。二是在学科间交叉研究愈来愈深入的大背景下，基于协同理论的协同创新研究序参量如何主导系统产生新的时间、空间、结构以及相应的功能，即在管理过程中通过与外界环境进行物质、信息、能量的交流，控制外部参量同时加强内部参量，使创新系统稳定、有序的运行。以上基于协同理论的研究虽然分析了协同创新的序参量动力机制以及自组织途径，但是自然科学应用于社会科学难免会陷于简单类比的窠臼，因为组织首先是由具有独立意志、具有主观能动性的人所构成；其次在组织的管理过程中除了显性的规章制度以外还有企业文化等隐性因素在起作用，并且这种作用具有影响深远性、不易觉察性等的特点，这些影响显著但却难以量化的要素，其成分构成、作用机制、影响效果都是今后研究的重心。

从协同过程视角的梳理可以看出演化是研究的重点，这是由于对事物发展规律的探究，可以达到发现规律、把握规律、预测未来的目的。但是目前对协同创新演化（Evolution）过程的研究主要侧重于演化过程各个阶段特征的摹状以及变异、选择、保留的演化过程描述，而缺乏对演化过程的内在基因进行深入分析，所谓的基因（Gene）就是指组织中那些具有一定惯性、遗传性、稳定性并对企业的演化发展起到影响和制约作用的要素，基因研究的缺失使对协同创新演化的内在动力以及企业如何适应外界环境变化的各种遗

① 任宗强．基于创新网络协同提升企业创新能力的机制与规律研究［D］．杭州：浙江大学博士学位论文，2012：43－44.

② 冯泰文，李一，张颖．合作创新研究现状探析与未来展望［J］．外国经济与管理，2013（9）：72－79.

传性、适应性、选择性机制缺乏进一步分析，基因的表型——协同创新演化的主导逻辑（Dominant Logic）因而也就更无从谈起，本书后续对协同绿色创新能力提升基因及其演化的分析将在一定程度上弥补这一不足。

（3）协同创新绩效

任何管理思想、行为的最终目的都是为了产生绩效，促进企业竞争力的增强，协同创新亦是如此，因此绩效指标维度的设定、指标的设计、度量是协同创新研究的重点。对协同创新绩效的研究楼高翔（2009）① 将其划分三个视角即对组织能力的提升作用、对企业效益的提升作用、对协同价值链整体效益的提升作用；而陈劲（2012）② 则依据已有技术创新绩效考核的研究结果将协同创新绩效划分为内外两个维度。本书依据已有的研究成果以及本书的研究需要将协同创新绩效遵循楼高翔（2009）③的研究划分为组织能力、组织效益、价值链效益三个维度进行梳理，如表1-8所示。

表1-8　　协同绩效研究成果总结

维度	作者	年份	创新绩效构成要素
组织能力	楼高翔④	2009	工人技术等级、市场竞争力、技术能力、适应能力、学习能力、创新组织管理能力
	李刚⑤	2011	创新机会把握能力、创新资源投入能力、新产品制造能力
	陈劲⑥	2012	战略引导、协同环境、沟通机制、激励机制、信任机制、团队构成
	刘志华⑦	2013	协同投入、协同过程、协同产出、协同影响
	段晶晶⑧	2014	知识创新、人才培养、成果转换、产业融合
组织效益	陈光⑨	2005	组织内各创新要素整体协同程度、研发速度、年创新项目数、项目成功率、开发成本变化、新产品销售额、新产品开发周期变化、新产品利润额、年专利申请数

①③④　楼高翔．供应链技术创新协同研究［D］．上海：上海交通大学博士学位论文，2009：96-106.

②⑥　陈劲．协同创新［M］．杭州：浙江大学出版社，2012：147-149.

⑤　李刚．供应链协同创新的绩效测评及其应用研究［J］．中国科技资源导刊，2011（3）：59-67.

⑦　刘志华．区域科技协同创新绩效的评价以及提升途径［D］．长沙：湖南大学博士学位论文，2013：46-67.

⑧　段晶晶．产学研协同创新绩效提升路径研究——个理论分析框架［J］．内蒙古社会科学（汉文版），2014（2）：119-123.

⑨　陈光．企业内部协同创新研究［D］．成都：西南交通大学博士学位论文，2005：112-116.

续表

维度	作者	年份	创新绩效构成要素
组织效益	楼高翔①	2009	资源投入、技术成果、市场表现、成本变化、质量变化、社会福利效应
	任胜钢②	2010	产品创新、工艺创新
	李刚③	2011	创新成果、创新效率、客户满意度
	陈劲④	2012	新产品推出速度、新产品产值、标准专利产生数、三大奖数量、优秀人才培养数
	任宗强⑤	2012	销售上升、投资回报上升、新产品利润率上升、成功率上升、市场份额扩大
	蔡坚等⑥	2013	产品创新、技术创新、管理创新
	谢学梅等⑦	2013	新设备、新材料、新技术数量、企业劳动生产率、专利增长率、新产品产值率
	Tsai⑧	2012	技术协同对产品特性、新产品性能的影响
价值链效益	Lee⑨	2012	流程设计实现主产品、副产品之间的协同
	李刚⑩	2011	战略协同性、业务流程协同性、信息协同性
	楼高翔⑪	2012	供应链整体竞争力变化、目标共享、战略和观点共享、知识和技术共享、相互信任程度

资料来源：作者根据已有研究结果整理。

---

①⑪ 楼高翔．供应链技术创新协同研究［D］．上海：上海交通大学博士学位论文，2009：96－106.

② 任胜钢．企业网络能力结构的测评及其对企业创新绩效的影响机制研究［J］．南开管理评论，2010（1）：69－80.

③⑩ 李刚．供应链协同创新的绩效测评及其应用研究［J］．中国科技资源导刊，2011（3）：59－67.

④ 陈劲．协同创新［M］．杭州：浙江大学出版社，2012：147－149.

⑤ 任宗强．基于创新网络协同提升企业创新能力的机制与规律研究［D］．杭州：浙江大学博士学位论文，2012：123－124.

⑥ 蔡坚，杜兰英．协同创新网络嵌入影响企业创新绩效的机制与路径研究——基于知识协同的中介效应［J］．工业技术经济，2013（11）：3－13.

⑦ 谢学梅，左蕾蕾．企业协同创新网络特征与创新绩效：基于知识吸收能力的中介效应研究［J］．南开管理评论，2013（3）：47－56.

⑧ Tsai. K. H, Huang. Chi. Tsun. Technology synergy, product characteristics, and new product performance: A meta－analytic review［J］. Canadian Journal of Administrative Sciences, 2012（4）: 336－347.

⑨ Lee. D. Turning waste into by－product［J］. Manufacturing & Service Operations Management, 2012（1）: 115－127.

从以上协同创新绩效的研究结果可以看出包括成本、质量、利润等要素在内的企业效益的衡量依然是协同创新研究的重点，这是由管理研究的现实性所决定的，同时在研究范围经济（Economies of Scope）与交易成本（Transaction Cost）的学者努力下，企业内部资源和能力在决定企业活动边界方面的作用越来越受到学术界的重视：内部能力、资源和知识积累是企业获得超额利润和保持竞争优势的关键（周三多，2002）①。因此，对协同创新绩效的考量，企业能力的提升是不可或缺的一个方面，对组织能力提升这一维度的研究也正在呈逐年上升的趋势。但是，对于协同创新绩效的研究，更多侧重于区域协同创新以及产学研协同创新，针对企业的协同创新研究比较少（张琴清等，2015）②，此外协同创新亦是一复杂系统，涉及系统理论、创新理论、经济理论等多方面，因此其研究方法也应该定量分析与定性分析相结合，逻辑推理与实证检验相结合，而目前的研究方法则以结构方程、熵权 TOPSIS 法、SFA 方法、DEA 方法等定量分析方法为主，对于绩效指标的设定以经济指标为主，而忽视企业的可持续发展，即忽视环境、社会指标的设定。

综上所述，对协同效应的研究是将自然科学的理论应用于社会科学研究，使社会科学的某些研究方面产生了新的研究视角和研究方法。正如王晓静（2012）③ 在其研究中对协同创新的研究视角进行分类后总结出：研究者通过分析不同组织、管理层面的协同效应，探究其动因了解其发展演化规律，对协同效应能够促进企业经营绩效这一观点，是没有异议的（研究成果如表 1－9 所示），但社会组织是由人构成的，并且社会组织所处的环境也存在影响要素众多、不易量化的特点，因此在应用协同学理论的过程中难免会出现简单类比、推测的方法错误，忽视企业的行业属性使研究结果在适用性、实践性方面不够完善，仍然需要后继者进行进一步的思考、探索。

---

① 周三多．战略管理思想史［M］．上海：复旦大学出版社，2002：82.

② 张琴清，李志强．企业协同创新绩效评价研究综述［J］．商业经济研究，2015（5）：114－115.

③ 王晓静．企业集团研发协同与研发绩效的实证研究［D］．济南：山东大学博士学位论文，2012：17－24.

表 1-9 协同效应理论评述

研究视角	系统科学	战略管理视角	并购财务管理	创新管理视角
分析层面	系统	组织	组织	产业、组织
研究目的	为管理研究提供新的研究视角和研究方法，为组织演化的动力机制、发展过程提供自然科学解决路径	确定实现组织内部资源与外部环境之间，资源各要素之间有效协同，获得持续竞争力的有效战略途径	企业并购过程中人、财、物各方面的有效协同，实现并购效益的最大化	在技术、产品、经营管理等方面的创新过程中，协同的功能、作用、运行机制
研究不足	研究过程以逻辑推断和数理分析为主，缺乏实践性	偏重定性研究，缺乏实证检验	在企业并购过程中文化、管理机制、企业经营的主导逻辑等无形资源的协同，这一方面的模型建立、指标确定有待进一步深入探讨	缺乏对绿色创新协同机制的研究

资料来源：根据王晓静（2012）[①] 研究结果整理。

1.3.3 煤炭企业绿色创新研究综述

由于绿色创新的研究范围比较广泛，以及就像前文所谈及的概念界定也并不十分明确，因此对煤炭企业绿色创新的研究也有不同的研究重心，例如赵国浩（2014）[②]、（2011）[③] 等比较全面地研究山西煤炭资源的低碳化利用、节能减排、循环经济、可持续发展等议题；祁和刚等（2014）[④] 在总结平朔矿区的成功经验后指出煤炭矿区开展绿色开发的关键是处理好资源开发、循环转化与环保绿色这三者的关系；王文良（2013）[⑤] 认为对于煤炭企业而言其竞争力的评价指标内应增加生态竞争力的内容，进而提出生态竞争力的培育和提升途径；姬美婷（2013）[⑥] 研究了煤炭企业清洁生产的文化影响要素。

① 王晓静．企业集团研发协同与研发绩效的实证研究［D］．济南：山东大学博士学位论文，2012：17-24.

② 赵国浩．煤炭资源低碳化利用理论与政策研究［M］．北京：经济管理出版社，2014：1-101.

③ 赵国浩．煤炭资源管理理论与政策［M］．北京：经济管理出版社，2011：1-44.

④ 祁和刚，辛耀旭，张忠温．大型煤炭矿区绿色开发的实践与思考［J］．煤炭科学技术，2014（1）：5-8.

⑤ 王文良．煤炭企业生态竞争力评价及实证研究［D］．武汉：中国地质大学博士学位论文，2013：32-34.

⑥ 姬美婷．中国煤炭企业清洁生产企业文化建设研究［J］．生产力研究，2013（12）：154-156.

从已有研究结果来看，对煤炭企业绿色创新的横向研究视角基本上可以划分为循环经济视角、节能减排视角、低碳化利用视角、清洁生产视角，可持续发展视角这五项。同时，根据煤炭资源开发的过程又可以将煤炭企业绿色创新划分为：绿色设计（王泽诺等，2015）①、绿色开采（董洁等，2004）②、绿色经营（李梦彤等，2014）③ 等各个阶段。基于本书所研究的视角下面根据赵国浩（2010）④、（2011）⑤、汪卫（2012）⑥、王林珠（2013）⑦、袁迎菊（2012）⑧、张淑英（2012）⑨、张蓓佳（2013）⑩ 的研究结果，按照循环经济、节能减排、低碳化利用、可持续发展四个视角来对煤炭企业绿色创新研究进行梳理总结，如表 1－10 所示。

表 1－10　　煤炭企业绿色创新研究评述

研究视角	可持续发展视角	低碳视角	循环经济视角	节能减排
分析层面	宏观企业	宏观	行业	企业
研究内容	1. 煤炭行业可持续发展 2. 区域煤炭行业可持续发展 3. 煤炭城市可持续发展 4. 煤炭矿区可持续发展 5. 煤炭企业可持续发展 6. 煤炭可持续发展基金	1. 碳排放对国民经济的影响 2. 碳税的征收方法、作用、效用评价 3. 碳税对碳排放的作用机制	1. 煤炭开采以及消费过程中产生的废水、废气、废渣的减量化、再利用、再循环 2. 洁净煤相关理论 3. 清洁生产的实施条件与过程 4. 煤炭产业链延伸	1. 节能减排的技术方法 2. 节能减排指标的确定 3. 节能减排系统仿真 4. 节能减排特定领域的研究

---

① 王泽诺，刘亚州，杨怀涛．煤矿建下压煤创新设计研究与应用［J］．山东煤炭科技，2015（5）：43－44.

② 董洁，龙如银．煤炭绿色开采技术创新概念探析［J］．技术经济与管理研究，2004（4）：70－71.

③ 李梦彤，王悦．煤炭企业实施绿色经营系统的困境及对策［J］．商业经济，2014（11）：93－94.

④ 赵国浩．煤炭资源优化配置理论与政策研究［M］．北京：经济管理出版社，2010：183－214.

⑤ 赵国浩．煤炭资源管理理论与政策研究［M］．北京：经济管理出版社，2011：1－44.

⑥ 汪卫．基于系统动力学的煤炭企业循环经济系统研究［D］．天津：天津大学博士学位论文，2012：29－43.

⑦ 王林珠．煤炭企业循环经济发展力评价研究［D］．武汉：中国地质大学博士学位论文，2013：8－12.

⑧ 袁迎菊．煤炭产业链低碳演化机理及路径优化研究［D］．徐州：中国矿业大学博士学位论文，2012：5－7.

⑨ 张淑英．中国煤炭工业低碳发展研究［D］．徐州：中国矿业大学博士学位论文，2012：3－4.

⑩ 张蓓佳．煤矿企业节能减排动力机制及体系构建研究［D］．徐州：中国矿业大学博士学位论文，2013：8－14.

续表

研究方法	定性分析	定性分析 实证分析	定性分析 实证分析	定性分析 实证分析
研究不足	研究多侧重于宏观环境、行业分析，没有给出具体的实施办法，不具有可操作性，研究的深度不够，尤其是对于煤炭企业可持续发展的特殊性缺乏针对性研究	1. 多集中在宏观层面的分析以及政策建议，以定性分析为主 2. 缺乏低碳发展的系统性和复杂性研究 3. 企业自身的低碳行为研究不够充分	1. 对循环经济理论研究大多在宏观和中观层面 2. 指标体系单一 3. 静态研究	1. 对企业节能减排的动力机制未有深刻的剖析 2. 未能构建出煤炭企业节能减排体系，因而也就不能系统规范地指导企业运行节能减排

资料来源：作者根据已有研究结果整理。

从以上四个视角的分析可以看出，对煤炭企业绿色创新的研究各种观点各有侧重，各个研究视角既相互联系又有区别：首先，各类研究都将环境要素纳入考量范围，对环境问题的关注既是煤炭企业绿色创新研究的出发点，也是其最终的落实之处，即通过企业的各类经营管理乃至于创新活动，实现企业与环境的良性互动，达到节能减排、降低污染的效果。其次，实现经济效益、环境效益、社会效益的“三赢”是煤炭企业绿色创新各类研究的共同目的。区别之处在于低碳经济视角研究减少碳排放以及碳税的作用、征收方法、效用的评价等，即通过包括征收碳税等方法如何使煤炭企业减少碳排放达到减少环境压力的目的，侧重于政策因素对煤炭企业生产过程绿色化的影响；循环经济研究煤炭开采以及消费过程中产生的废水、废气、废渣的减量化、再利用、再循环，以及清洁生产的实施条件与过程，侧重于煤炭企业生产过程的绿色化；节能减排视角研究在煤炭企业生产过程中具体技术、规范、指标的确立，侧重煤炭企业生产过程中具体技术对煤炭企业绿色化的作用机制；可持续发展视角可以说是低碳发展与循环经济视角的结合，也是煤炭企业发展研究的目的所在，尤其基于中国的资源禀赋特点，对煤炭企业可持续发展的研究更加具体，涉及企业竞争力、市场营销等诸多方面，是对于煤炭企业绿色化研究比较全面的视角。但是，这四个视角又各有研究不足，可持续发展视角研究比较全面，有较高的着眼点，但研究的重点集中在宏观以及行业层面，对煤炭企业的具体操作层面，研究不够深入具体，更多的是理论的逻辑推导以及模式的设定，缺乏实证的进一步检验，操作性不强；而低碳视角、循环视角、节能减排视角更多地侧重于煤炭企业生产过程中的某些具体技术、措施，没有关注到企业的绿色创新能力等既决定企业获得持续竞争优势、又实现“三赢”目标的更加重要的内在作用力。从以前文献收集的结果可以看出技术创新能力对煤炭企业发展的重要性，同时也可以看出煤炭企业创新能力研究全面性的不足，这也是本书所研究的煤炭企业协同绿色创新能力的理论贡献。

1.3.4 煤炭企业核心能力研究综述

核心能力的培养与维持时现代企业赢得竞争优势的关键，尤其是煤炭企业陷入目前的困境，以及几十年来表现出的发展周期性，国内学者从低碳（张立军等，2014）①、创新（王国强，2003）②、转型（姜秀娟等，2014）③ 角度分别对煤炭企业核心能力的构成维度进行了探讨分析。杨巍等（2002）④ 认为煤炭企业核心能力的特征有三点：第一关注长远；第二增强竞争地位；第三长期积累，获得核心能力的方法可以通过企业内外重组以及市场重组来实现；郭俊清等（2011）⑤ 分析了煤炭企业并购后核心能力关系以及演化均衡机制；王文磊⑥提出了煤炭企业核心能力构建的方法，结合以上学者对煤炭企业核心能力的分析，本书将近几年来对煤炭企业核心能力的构成维度研究总结如表 1－11 所示。

表 1－11　　煤炭企业核心能力构成维度研究总结

作者	年份	煤炭企业核心能力的构成维度
王国强⑦	2003	技术创新能力、制度创新能力、管理创新能力、产业创新能力、人力资源管理能力
吴振德等⑧	2008	创新投入能力，创新实施能力，创新实现能力、创新管理能力

① 张立军，徐红梅，张同建．低碳经济环境下煤炭企业核心能力体系研究［J］．贵州商业高等专科学校学报，2014（2）：1－4.

②⑦ 王国强．煤炭企业创新能力的培育［J］．煤炭经济研究，2003（2）：15－16.

③ 姜秀娟，侯贵生．煤炭企业转型路径及能力分析［J］．中国矿业，2014（10）：35－38.

④ 杨巍，吕明旭．煤炭企业核心能力的界定与重组［J］．中国煤炭经济学院学报，2002（6）：164－168.

⑤ 郭俊清，吉峰．煤炭企业并购后核心能力的协同演化和均衡分析［J］．2011（22）：91－92.

⑥ 王文磊．煤炭企业发展战略与核心能力的构建［J］．现代商业，2011（9）：55－56.

⑧ 吴振德，宋彧．大型煤炭企业技术创新能力评价方法及应用［J］．经济研究导刊，2008（17）：32－33.

续表

作者	年份	煤炭企业核心能力的构成维度
董小波等①	2010	核心生产能力、核心市场能力、核心技术能力、核心管理能力、核心整合能力
郭俊清等②	2011	知识体系与技能
王文磊等③	2011	技术能力、市场开拓能力、管理能力、组织能力、
蒋衔武等④	2013	创新投入能力、市场营销能力、创新管理能力、研发能力、生产制造能力
姜秀娟等⑤	2014	转型文化重塑能力、转型战略规划能力、资源整合能力、管理控制与创新能力、持续学习能力
张立军等⑥	2014	核心技术能力、核心生产能力、核心市场能力、核心管理能力

资料来源：作者根据已有研究结果整理。

从以上研究者对煤炭企业核心能力的研究维度可以看出，研究者对煤炭企业核心能力的研究依旧遵循企业核心能力的研究范式，即着力于核心能力的一般特征：价值性、难于获得性、不易模仿性、异质性等的阐述，强调核心能力是产品、生产、营销、制度、组织、管理、技术等多方面创新的能力，是企业率先独立赢得市场竞争优势的能力。这一研究思路虽然指出了核心能力的基本作用和特征，但并没有提出煤炭企业所面临的竞争态势的特殊性，煤炭消费者对清洁煤炭产品的需求急剧增加，清洁能源对市场的挤压，因此煤炭企业的核心能力是企业获得持续竞争优势的能力，实现煤炭企业的可持续发展，对于煤炭企业核心能力的探究应拓展其研究视角，着力于煤炭企业绿色创新能力使企业在获得经济收益的同时，保障生态环境、社会效益的同步提高。

---

① 董晓波，张同建，谭章禄．金融危机环境下中国煤炭企业核心能力体系研究［J］．中国矿业，2010（7）：32－34.

② 郭俊清，吉峰．煤炭企业并购后核心能力的协同演化和均衡分析［J］．2011（22）：91－92.

③ 王文磊．煤炭企业发展战略与核心能力的构建［J］．现代商业，2011（9）：55－56.

④ 蒋衔武，吴云．基于 SEM 的煤炭企业技术创新能力指数研究［J］．中国矿业，2013（4）：19－22.

⑤ 姜秀娟，侯贵生．煤炭企业转型路径及能力分析［J］．中国矿业，2014（10）：35－38.

⑥ 张立军，徐红梅，张同建．低碳经济环境下煤炭企业核心能力体系研究［J］．贵州商业高等专科学校学报，2014（2）：1－4.

1.3.5 研究综述总体评价

综合以上对于绿色创新、协同创新的影响要素、构成维度、创新绩效的研究综述，以及对已有的煤炭企业绿色创新能力的文献梳理可以看出：目前对绿色创新、协同创新各自的研究成果虽然比较丰富，但对于高污染、高能耗的煤炭行业由于其行业特殊性需要多方协同来完成，而绿色创新方面的研究却相对比较薄弱，尤其是对于协同绿色创新这一领域的研究更为匮乏。因此本书所研究的煤炭企业协同绿色创新能力，可以说是上述研究的补充和拓展。

此外，通过对已有文献的梳理总结出绿色创新的特殊性——“双重外部性”，即除了拥有一般创新在生产环节所具有的溢出效应之外，绿色创新还会在扩散阶段产生溢出效应，因此绿色创新的实现机制包括节能减排机制、循环利用等多项内容，更符合经济转型期煤炭行业的特定要求，绿色创新的这一特性是本书对煤炭企业协同绿色创新能力研究的出发点和基础。

由于绿色创新的双重外部性特征，煤炭企业的绿色创新不可能由企业独立完成，既需要企业内部各个创新职能部门密切配合，更需要上下游企业、政府、行业协会、中介机构、科研院所等支持性组织协助企业进行绿色矿井设计、绿色开采、绿色消费、“三废”循环利用等创新性活动，已有的协同理论为煤炭企业协同能力提供了相应的基础理论，本书对煤炭企业协同绿色创新能力的研究也进一步丰富了协同理论在战略管理当中的实际应用，这将是本书在应用研究与实践上的创新。

1.4 研究内容

在经济转型期“高附加值、低碳化、国际化”的环境驱动以及煤炭企业脱困的特殊要求下，依照企业能力研究的一般思路：理论“硬核”、辅助性假设、理论原则、程序、工具（李兴旺等，2009）① 来对煤炭企业协同绿色

① 李兴旺，何辛锐．战略管理理论范式研究——国外战略管理学派的思想剖析［J］．管理学家（学术版），2009（4）：12－18.

创新能力进行分析：第一，本书试图厘清煤炭企业协同绿色创新能力的概念，运用 SSIP 聚焦过程对煤炭企业协同绿色创新能力的影响因素进行确定和分析，解决煤炭企业协同绿色创新能力“为什么”产生的问题；第二，本书构建了煤炭企业协同绿色创新能力评价指标体系，分析协同绿色创新能力的构成维度，解决煤炭企业协同绿色创新能力“是什么”的问题；第三，建立了煤炭企业协同绿色创新能力的创新绩效评价体系，解决研究煤炭企业协同绿色创新效果“怎么样”的问题；第四，为了避免协同绿色创新能力由于路径依赖而在实际应用过程中产生“能力刚性”的问题，在协同绿色创新能力分析框架的基础上运用生物学、系统科学等相关理论对煤炭企业协同绿色创新能力提升的基础、关键要素及其关联机理、提升路径、演化机制进行系统分析，最终提出相应的管理原则以及管理举措，为煤炭企业协同绿色创新能力的提升提供理论依据及实践指导，力图解决煤炭企业协同绿色创新“怎么做”的问题，能力提升的阐述实质上也起到了政策建议的作用。

1.5 研究方法

协同绿色创新能力从定义上说既有绿色性的特征，又有协同性的特征，任宗强（2012）[①] 将协同研究与测度归纳为四种方法：一是直接使用量表，在对概念、本质、特征的分析基础上，用量表对企业的协同行为和过程来进行侧度；二是对变量之间交互效应的测量，即在分别检验变量单独作用的基础上，通过加入交互项来分析相应变量之间是否存在交互效应，以及考察效应是正向还是负向；三是对变量进行分类组合检验，即按照均值将协同变量分为不同水平组，再将不同变量的高低相互组合；四是高阶因子模型分析，即借助于结构方程模型来对协同效应进行检验。以上四种方法的主体思路是探究各个相关变量如何在发展过程中保持相互协调的能力以及相对和谐的状态，以及如何使企业的有限资源在各方作用条件下实现最大效用。借鉴以上的研究方法，以及协同绿色创新能力研究的特殊性，本书研究方法也应该定量与定性、静态分析与演化分析相结合。根据本书的研究需要以及前期的准

① 任宗强．基于创新网络协同提升企业创新能力的机制与规律研究［D］．杭州：浙江大学博士学位论文，2012：128－129.

备工作，本书拟采取以下研究方法。

（1）文献研究方法

文献研究方法主要是指根据本书拟研究的内容按照全面性与重要性相结合、经典性与前沿性相结合、基础性与适用性相结合的原则对文献进行收集，通过速读、初选、精选三步将文献进行取舍，进而按照影响因素、维度划分、创新绩效的逻辑顺序，以及被普遍认同的研究角度对文献进行归纳、整理，发现已有的研究成果对本书的启发、参考作用，继而对文献进行综述，发掘已有文献的研究空白以及对本书研究的方向指引，并在此基础上为本书的协同绿色创新能力概念界定、模型构建提供理论支撑。

（2）调查研究方法

调查研究法可以分为访谈调查与问卷调查两种。本书拟通过对山西省煤炭厅、煤化研究所，高校相关领域的专家，煤炭企业高层管理者进行访谈调查，根据被试的答复搜集客观的、不带偏见的事实材料，以样本来说明总体的特征、性质，确定研究内容与研究目标。案例的选择需兼顾代表性与便利性，选取经营领域涉及煤炭、电力、新能源、金融、煤化工、机械制造等的特大型煤炭企业，尤其同煤集团塔山循环经济园区是全国煤炭系统首个循环经济园区，也是当前中国产业链条最为完整的循环经济园区，因此对塔山循环经济工业园做了重点访谈。

（3）系统分析方法

系统分析方法源自系统科学，是从系统的角度去分析研究客观世界，将研究问题的思维从“以物为中心”转变为“以系统为中心”。本书运用系统分析方法对煤炭企业协同绿色能力的发展阶段、能力提升基础、能力提升路径进行了系统分析，不仅揭示了上述问题的自组织与他组织作用机制，同时也丰富了所研究问题的认识论和方法论。

（4）生物学隐喻方法

语言哲学在近 10 多年来获得了较大的发展，“隐喻”和“类比”具有方法论以及认识论上的重要意义，本书根据协同绿色创新能力系统与生物系统的“通约性”（Commensurability），利用生物学隐喻来分析煤炭企业协同绿色创新能力提升的基本单位、演化过程，不仅仅能深刻阐释研究内容，同时使研究方法实现了方法论创新，为协同绿色创新能力提升的研究方法提供了新的思路。

（5）演化博弈分析方法

演化博弈分析方法是把博弈理论分析和动态演化过程分析结合起来的一种理论。在方法论上，它不同于博弈论将重点放在静态均衡和比较静态均衡上，强调的是一种动态的均衡。演化博弈理论源于生物进化论，它曾相当成功地解释了生物进化过程中的某些现象。如今，经济学家们运用演化博弈论分析社会习惯、规范、制度或体制形成的影响因素以及解释其形成过程。本书运用演化博弈方法分析煤炭企业与协同伙伴之间存在着的选择博弈关系，据此提出建立管控平台，并实施相应的违约管理措施。

2

协同绿色创新能力理论基础及内涵

2.1 协同绿色创新能力理论基础

2.1.1 创新理论

现代创新理论根植于熊彼特（Schumpeter）的创新理论（曲峰庚等，2013）①，但是1912年，熊彼特提出创新理论时，宥于当时的理论发展与经济发展水平以及学者自身的研究阶段，并没有明确界定"创新"的概念，后来在其1928年发表《资本主义的稳定性》时提出了创新是"过程"的论断，接着在1939年出版的《商业周期》上比较全面地提出了创新理论，但是熊彼特对创新概念的理解为技术创新与非技术创新的结合。随着系统论的发展，自然科学与社会科学相互之间的融合趋势越来越明显，因而更接近创新本质的系统观的创新定义被广泛接受，这也是本书研究煤炭企业协同绿色创新能力的方法论依据。

由于熊彼特所奠定的创新理论从一开始就是一种社会哲学、经济史学、经济社会学以及管理学等多重视角研究下的产物，因而对创新的认定也是内在质变性、社会历史性、系统有机性的统一。正因如此，近年来对创新理论的研究视角更加多样，内容更加丰富，是向熊彼特思想的回归，同时也是创新研究的本质必然要求，这也导致了创新研究的成果虽然丰富，但并未形成统一的轨迹（陈劲等，2011）②。因此本书对创新理论的梳理将按照陈劲等（2011）③ 的两个研究思路笼统地进行总结，如图2-1所示。

陈劲等（2011）④ 对创新研究的这两个思路总结认为：第一条思路是创新的外生性主要关注市场的理想化状态，而内生性则关注于经济体系动态特征的收益问题，创新不但是非均衡的原因也是其结果，由外生到内生性的转变思路形成了创新经济学理论框架；第二条思路是创新研究从"隐喻"（Metaphor）其他学科到形成创新经济学概念的转变，这种研究思路显著增强

① 曲峰庚，董宇鸿. 绿色创新——新经济时代企业成长动力［M］. 北京：经济科学出版社，2013：78-79.

②③④ 陈劲，王焕祥. 创新思想者：当代十二位创新理论大师［M］. 北京：科学出版社，2011：1-23.

了有关经济结构变迁和技术创新因果循环关系的理解，为本书划分协同绿色创新能力的构成维度提供了基本的研究思路。

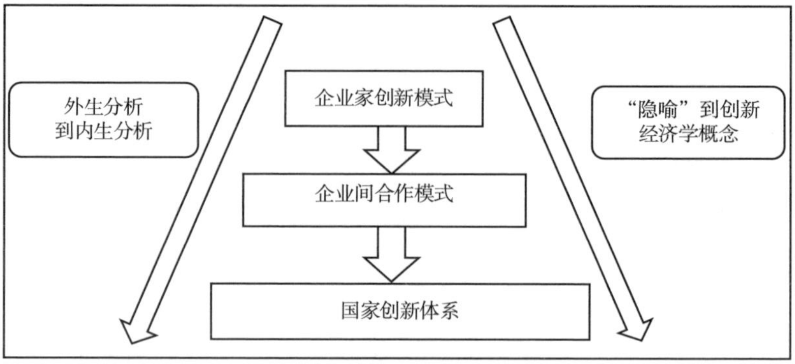

图 2-1 创新理论发展的两个思路

资料来源：本图根据陈劲等（2011）①研究由作者绘制。

陈劲等（2011）② 认为尽管对创新研究思路做了系统梳理，但是对熊彼特之后浩如烟海的创新研究依然存在着研究观点迥异，甚至在很大程度上支离破碎这一问题，因此选取在创新研究中进行开创性研究，产生过巨大影响的创新研究学者的研究成果进行梳理，有助于更好地理解创新研究的发展脉络、内涵、过程、影响要素、绩效等，下面依据其对中外创新研究史上 12 位创新理论学者的研究结果进行总结分析，见表 2-1。

表 2-1 创新理论大师研究评述

学者	主要观点	历史贡献
Joseph Schumpeter 1910—1939	1. 用创新理论解释资本主义的产生、发展、特征等 2. 构建熊彼特"多层次"经济模型，提出制度创新理论	开启了创新研究，是创新研究的奠基者
James Utterback 1975—2006	探讨某一产业一次根本创新的全过程中三个不同阶段产品创新和工艺创新的发展变化及其重要关系	对创新动力学贡献突出

①② 陈劲，王焕祥．创新思想者：当代十二位创新理论大师［M］．北京：科学出版社，2011：1-23.

续表

学者	主要观点	历史贡献
David Teece 1986—1997	1. 持久竞争优势来源是动态能力的不断创新 2. 动态能力的灵魂是开拓创新以及克服能力中的惯性和刚性 3. 创新能力是最为关键的能力	动态能力的提出弥补了资源基础理论的不足
Ikujiro Nonaka 1974—1985	提出了知识创造理论，从“显性知识”和“隐性知识”的关系入手解读知识创造能力	论述几乎覆盖了知识管理领域的每个方面，对日本管理技巧及方法是最主要的解读者
Eric Von Hippel 1996—2008	1. 创新功能源具有多样性 2. 领先用户法成为创新功能源有效预测方法 3. 粘着信息理论 4. 创新工具箱理论	构建了知识社会条件下创新民主化图景
Everett Rogers 1962—2006	1. 提出“发展范式” 2. 扩散是创新的重要方式，是发展中国家发展的重要方式 3. 从社会整体的角度对发展理论进行概括	从发展的视角对创新做出了卓越的贡献，因而跨国技术转移被许多大公司采用，促进了发展中国家的发展
Richard Nelson 1963—1981	构建“企业组织行为”和“自然选择”理论相结合的综合分析框架，结合理论研究、历史视野和制度分析探究技术创新与经济发展之间的动态联系，分析技术创新过程	对创新的研究跨越了国家创新体系、经济发展、产业、战略、创新、知识产权等宏微观各个层面，形成了新“熊彼特”学派
Christopher Freeman 1982—2008	1. 技术创新是经济长波产生的原因 2. 建立宏观“国家创新体系”，系统分析创新与经济的增长、发展中国家、全球贸易的关系，从演化的视角提出了更加综合的“长波”理论	衡量科技研发的先行者、科技政策研究的贡献者、“国家创新体系”的首倡者、产业创新经济学的提出者
Bent Lundvall 1988—2004	1. 用户和生产者互动对产品创新的影响 2. 创新是一连续积累的过程 3. 创新的来源既包括科学又包括相互学习对国家创新系统的贡献	是创新理论发展演变的集大成者，开创了国家创新系统以及学习型经济的先河
Paul Romer 1989—1996	1. 技术内生化 2. 知识成为经济增长的内生变量 3. 提出了资本、劳动、人力和新思想的四要素增长理论 4. 构建知识溢出模型	将熊彼特思想纳入新古典经济学体系，新经济增长理论的创始人

续表

学者	主要观点	历史贡献
Keith Pavitt 1991—2002	企业“技术竞争力”是创新分类的依据	创立创新的分类方法
徐庆瑞 2000—2007	1. 组合创新理论 2. 受企业战略引领，组织和技术约束 3. 渐进创新与重大创新结合；产品与工艺创新相结合；技术创新与文化、组织创新相结合；技术创新与战略创新组合	其创立的理论体系符合中国的具体情况能够解决中国企业实际问题

资料来源：根据陈劲等（2011）① 研究整理。

从以上对创新理论的12位学者的研究结果可以看出，对创新的研究经历了从静态到动态、从单维到多维、从微观到宏观，从西方到本土研究的兴盛。尤其是进入21世纪以来，由于全球性环境污染以及能源问题的加剧，使与生态、环境、绿色等的创新研究受到广泛的关注。中国是能源消耗大国，环境污染问题也成为重要的经济、政治乃至于社会问题，因此对企业创新活动进行反思，形成符合中国本土企业尤其是能源企业要求的绿色创新研究体系，既是增强国家创新实力的要求，也是包括煤炭企业在内的能源企业提高盈利能力、保持持续竞争优势，推动企业效益提升的重要途径。协同绿色创新亦是创新研究的一个构成部分，现代创新理论的研究成果尤其是其动态、多维、多主体、多要素的组合创新理论为发掘和确定协同绿色创新内涵、性质、特征以及组织创新的内在动力——创新能力提供基本的研究框架和研究思路。

2.1.2 协同理论

协同学旨在研究各种不同系统在质变过程中所遵循的共同规律，其中心议题是探讨支配生物界以及非生物界的结构或功能的自组织形成过程的某些普遍原理，协同现象存在于宇宙一切领域当中，同竞争关系一样决定着事物的不断演化发展。探讨系统演化中协同过程和机理的理论，即是自组织理论

① 陈劲，王焕祥．创新思想者：当代十二位创新理论大师［M］．北京：科学出版社，2011：1-23.

（Self－organizing Theory）（陈光，2005）[①]。耗散结构论（Dissipative Structure Theory）、混沌理论（Chaos Theory）以及复杂科学（Complex Science Theory）等都属于研究自组织过程的系统科学理论。

系统科学理论的每一个分支均有其存在基础、适用范围和特定条件，其研究重点皆为系统的发生、发展，从不同侧面探讨系统的自组织问题。同时，这些理论之间有着微妙的相互关联、相互作用和内在逻辑一致性。基于本书的研究重点，现根据韵江（2009）[②]、普利高津等（Prigogine，2010）[③] 的研究结果将系统科学各个分支的研究主要内容做一梳理，如表2－2所示。

表2－2　系统科学各分支主要研究内容

系统科学理论类型	主要研究内容
耗散结构理论	揭示物质系统的自组织过程，以及系统中可逆转性与不可逆转性、有序与无序的矛盾及相互转化的机制和条件
协同理论	一切对象皆是由数量巨大的组元构成的系统，组元间如何非线性互动机制的协同作用，系统自身的运动机制
混沌理论	源于系统动力学，有序到混沌的自组织过程中的时间复杂性以及混沌与有序的相互关系，侧重时间尺度上反映系统复杂性
分形理论	源于几何学，研究系统从“有序通往碎形”的结构与空间特性，侧重于空间尺度上反映系统的复杂性
复杂性理论	是系统论各个分支的精华，研究生命等复杂系统的出现、发展和功能，跨越可多个学科领域，以此来揭示各种不同复杂系统间的深层共性，以此来揭示微观元素的非线性互动而在复杂系统中造成的某些宏观现象

资料来源：本书作者根据韵江（2009）[④]、普利高津等（Prigogine，2010）[⑤]研究整理。

协同学作为系统科学理论的一个分支，其研究重点也侧重于结构的单个组元、组元的协作、运行规律等（赫尔曼·哈肯，1986）[⑥]。协同学的研究目的即是处理这一系列问题。协同学的创始人哈肯在对激光的研究中发现了将一切事物有条不紊组织起来的“无形之手”——序参数（Order Parameter），

① 陈光．企业内部协同创新研究［D］．成都：西南交通大学博士学位论文，2005：37－43.

②④ 韵江．战略演化：组织内透视［M］．大连：东北财经大学出版社，2009：35－37.

③⑤ G. 尼科里斯，I. 普利高津．探索复杂性［M］．罗九里，陈奎宁译．成都：四川教育出版社，2010：54－88.

⑥ 赫尔曼·哈肯．协同学［M］．凌复华译．上海：上海译文出版社，1986：5－12.

序参数由单个部分协作产生反过来又支配各部分的行为，从而使整个系统从无序向有序转化，这种关系被称之为支配原理。哈肯认为支配原理适用于任何自组织现象，是新的结构形成的内在机制。这种内在机制的形成所需具备的条件包括以下四点：序参量支配子系统并影响系统的最终演化状态；只有系统间关联占主导，子系统之间形成协同，系统才可能呈现出一定的有序；外部环境的控制参量为系统演化提供保障；反馈调节是系统维持稳定性的重要保证（陈劲，2012）①。

自然界中任何系统的子系统之间，乃至于组元之间不仅仅有竞争同时也有协同，共同促进系统的发展演化。这种协同原理广泛应用于自然科学与社会科学研究各个领域。首先是由于竞争（Competition）、协同（Synergy）、序参量（Order Parameter）等概念对自然科学以及社会科学的研究有着重要参考价值：事物内在的以及发展过程中的不平衡形成了竞争的基础，对外界环境的适应性和反应性不同加深了竞争存在的必然性，竞争一方面创造了系统远离平衡态的自组织条件，另一方面推动系统向有序结构演化（陈光，2005）②，从而形成了协同的基本条件。

协同的概念打开了自然科学与社会科学之间的大门，二者同生共存，不可分离，因而沟通二者的每一座桥梁都十分关键。协同学很少探究个别的基本规则，而是探究结构赖以形成的普遍规律（哈肯，1986）③。协同理论具有非常广阔的应用范围，不仅仅在天文学、化学、生物学等自然科学领域取得了重要的研究成果，同时也为包括创新问题在内的社会科学研究提供了一个新的研究视角。

此外还包括协同学对于非线性（Non - linear）相互作用的方法论意义（陈光，2005）④。在研究系统演化的过程经常遇到的难题，一是构成要素过多，关系复杂、难以确定；二是因素如何影响系统演化，其影响机制是如何运行的。协同学为此提供了新的研究框架：基于“世界简单性”逻辑基础的组织及管理概念正在日趋解构。在任何看似简单的管理事物后面，都隐藏着惊人的复杂性。因此以往对事物存在和演化规律的还原式、机械、线性的解释都是对其某种形式的曲解，一方面创新系统本身是一复杂演化系统，包含

① 陈劲．协同创新［M］．杭州：浙江大学出版社，2012：32 - 33.
②④ 陈光．企业内部协同创新研究［D］．成都：西南交通大学博士学位论文，2005：37 - 43.
③ 赫尔曼·哈肯．协同学［M］．凌复华译，上海：上海译文出版社，1986：1 - 3.

诸多变量和参数，它们之间的关系就构成了一幅非线性的图像，另一方面创新系统分为不同层次，每一个层次亦有自身的结构，都有按其创新系统性质实现自身功能的特点，但各个层次经济利益的不一致性，导致创新系统复杂性本质的产生，对于协同绿色创新能力研究而言，这成为研究其内外关键要素在复杂能力系统内各自的功能以及关联机理的出发点。

2.1.3 企业能力理论

企业能力理论经过20世纪80年代内涵与范畴的确立，90年代研究框架的搭建，已经基本形成了一定研究体系，但是由于其研究视角、研究思路、研究方法的不同，至今没有形成统一的研究范式。对于企业能力理论而言一般的文献综述（谷奇峰等，2009）①、（王磊，2006）② 将其分为资源基础理论（Resource－based View）、核心能力理论（Core Competence）、动态能力理论（Dynamic Capcapability）、知识基础理论（Knowledge Basis）四个流派，这四个流派的共同点在于将视线从外部环境转向了企业内部所拥有的独特资源、能力、知识积累等内部优势上，为企业战略的研究开辟了一个新的视角，以下按照谷奇峰等（2009）③、王磊（2006）④对企业能力理论的研究述评进行能力理论各流派的总结，如表2－3所示。

表2－3　　企业能力理论研究述评

流派	代表学者	主要研究结果	主要贡献
资源基础理论	Penrose（1959） Wernerfelt（1984） Barney（1991）	形成了一个分析企业内部资源配置及利用的框架，形成“资源—战略—绩效”基本研究范式，理论认为企业是独特资源与能力的结合体；企业的竞争优势来源于其独特资源，具有稀缺性、异质性、不可模仿性和不可替代性的特征	将战略研究的视线从外部转向了组织内部，为企业如何获得竞争优势的研究开辟了一个广阔的空间，因而也对战略的实践具有直观的吸引力

①③ 谷奇峰，丁慧平．企业能力理论研究综述［J］．北京交通大学学报（社会科学版），2009（1）：17－22.

②④ 王磊．企业能力理论：热点和前沿［J］．山东经济，2006（11）：30－59.

续表

流派	代表学者	主要研究结果	主要贡献
核心能力理论	Prahalad（1990） Hamel（1990）	在复杂动态的环境下企业要获得持久竞争优势就需要具有价值性、稀缺性、不可替代性、难以模仿性这四个特征的核心竞争力	核心竞争力将竞争优势与公司层面战略联系起来，并将市场层面、业务层面、企业层面的战略统一到企业核心能力这一构架内，同时在实践中使企业专注于核心能力所在业务领域
动态能力理论	Teece（1997） Pisano（1997） Shuen（1997）	由于环境的迅速变化，在某一时点形成的核心竞争力，并不能维持持续竞争优势，因此企业需整合、重构企业内外部能力以便适应快速变化的环境的能力，即动态能力	打破了战略管理静态研究的局限，建立了在复杂环境下形成持久竞争优势的动态研究范式
知识基础理论	Barney（1991） Zollo（2002） Winter（2002）	组织内的知识是构成独特资源与核心能力的基础，核心能力即是一系列独具特色并且能给企业带来持久竞争优势的知识集合，对知识的更新是保持核心竞争力的关键，维持持续竞争优势的关键即是围绕知识而进行的结构化方法	解决了长久以来关于核心竞争力的这样一个疑问：是什么决定了企业的核心能力？尤其是具有影响长久性、不易模仿性的隐性知识以及相应的学习机制是决定核心竞争力的关键

从以上对能力理论的总结可以看出资源基础理论回答了企业生存发展最为重要的三个问题：为什么企业之间会存在差异；为什么企业间的盈利水平会存在差异；是什么使某种竞争优势得以持续存在，但是这四种研究视角又各有侧重：资源基础理论强调企业所拥有的资源对企业获得持久竞争优势的重要作用；而核心能力理论则侧重于资源之间的相互关系以及互动机制；动态能力理论将战略研究的视角由静态转变为动态；知识基础理论将组织对于显性以及隐性知识的获取、扩散视为核心竞争力的基础。以上四种流派虽然侧重点不同但都把企业内部要素当作研究的重点，同时将获得持续竞争优势视为企业战略制定的最终目的。

企业能力理论使战略管理的研究视线由宏观转向了微观，能力是企业分析的基本单位，可以用最根本的同质东西——能力，来规定企业的内涵，使学术界与企业界对企业的分析有了一个通约性的工具，企业能力关注企业自身的资源和优势以及实践当中的应用，如能力的获得与保持，影响要素有哪些，能力如何影响企业绩效，本书所研究的煤炭企业协同绿色创新能力亦属于企业能力理论研究的范畴，已有的能力理论自然也为本书对协同绿色创新能力的研究提供了基本的研究思路。

结合中国企业的具体情况，目前的能力理论大部分是由国外的学者研究得出的，因此探索具有中国企业特色的企业能力的形成与提升既是研究的重点同时也是研究的难点。此外，不同行业的企业能力特征有何不同？是什么原因导致的这些不同？在获得持续竞争优势时这些差异的作用机制又是怎样的？所以探索中国特定行业，尤其是关乎民生民计的煤炭行业协同绿色创新能力是能力理论研究重点，也是本书研究的出发点和重心。

2.1.4 生物进化理论

研究企业创新能力及其演化就必须溯源于生物学领域的演化思想，这不仅仅由于演化思想是生命科学视域下的产物，同时生物演化的动力、规律等的各项研究成果目前在社会科学的各领域中应用十分广泛，生物学隐喻的研究范式成为许多学科所奉行的圭臬。在生物学中，演化（Evolution）一般翻译成进化（韵江，2009）①，经历了拉马克（Lamarck）进化适应论、达尔文（Darwinian）物种进化论以及达尔文主义的继承和补充——现代综合达尔文主义（Neo - Darwinism）及间断均衡理论（Punctuated Equilibria）四个阶段的发展，如图 2 -2 所示。

拉马克的进化适应论是达尔文物种进化论诞生之前的比较系统完整的进化理论，主要观点可以概括为“用进废退”“获得性遗传”两条重要法则，因此拉马克将进化的因素归结为两点，一是生物有机体本身逐渐进化的倾向，第二种是外界环境的力量，这种兼顾内部机制与外部影响的视域，为日后生态学隐喻在各个领域的应用提供了逻辑起点。虽然拉马克对进化理论的形成与发展影响巨大，形成了与达尔文主义相对应的拉马克解释范式，但其进化论除了间接的实例外，几乎并未举出其他证据来支持其学说（周长发，2012）②，从这些表述当中可以隐约看到柏拉图与亚里士多德等古代哲学思想家逻辑致思趋向的影子，因此虽然拉马克的理论提供了生物进化的思想，但

① 韵江．战略演化：组织内透视［M］．大连：东北财经大学出版社，2009：12.

② 周长发．进化论的产生与发展［M］．北京：科学出版社，2012：52 -61.

其主观推演为主的研究方式，侧重解释起源之后生物发展规律的研究重心，认为环境变化在前，遗传变异在后的研究逻辑，使得进化适应理论自从诞生之日起便争论不断（Hodgson，2013）①。

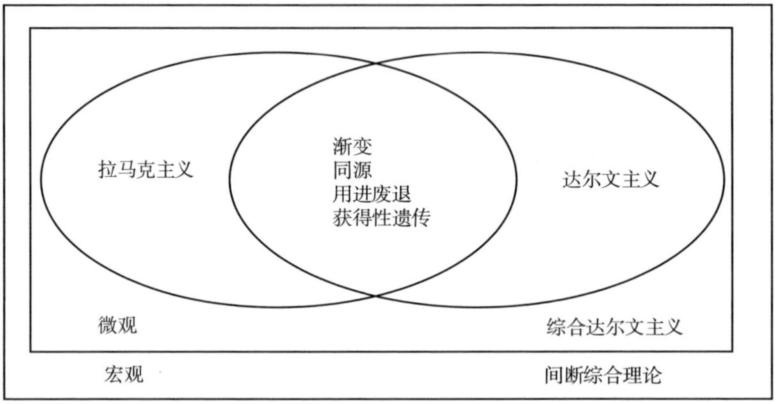

图 2－2　生物进化理论结构图

资料来源：本图根据韵江（2009）②研究由作者绘制。

对生物进化理论的发展起到了里程碑作用的自然是达尔文的物种进化论，达尔文对生物进化过程解释接受了拉马克提出的“获得性遗传”和“用进废退”这两条法则，也肯定了生物是逐渐变化的这一渐进观点，为生物进化理论体系进一步发展夯实了理论基础，但对生物进化的动力方面，达尔文强调“物竞天择、适者生存”的环境选择机制，认为进化是物种在特定环境下遵循变异、选择、保持机制的产物，自然选择是生物进化的推动力。与拉马克主义不同，在进化方向上达尔文主义认为生物进化的方向是随机的，无进步退步一说，并将空间因素引入了生物进化的分析过程中，拓展了生物进化研究的分析领域。达尔文的进化论的创新性与革命性，其影响的广泛性与深刻性自然毋庸置疑，但达尔文认为物种的进化过程只能渐变不能突变，是一线性发展的过程，这就为后代的间断均衡理论留下了继续深入探索的空间。虽然达尔文主义与拉马克主义对生物进化过程的解释各有侧重，但其后自然科学与社会科学对达尔文主义生物隐喻的应用却更倾向于二者的交错、融合

① Hodgson. G. Understanding organizational evolution：Toward a research agenda using generalized Darwinism［J］. Organization Studies，2013（6）：973－992.

② 韵江．战略演化：组织内透视［M］．大连：东北财经大学出版社，2009：12.

(Hodgson, 2013)①。达尔文主义本身也在不断进化，100 多年来，先后融入了物种、古生物、分子生物学、染色体遗传学、群体遗传学等诸多学科理论形成了现代综合达尔文主义，依旧强调进化的渐进性和自然选择的重要性，是达尔文主义的继承和发展，同时对其他各学科的借鉴作用更加显著。对以上达尔文主义的线性进化过程做出重大补充的是间断均衡理论，间断均衡理论认为在物种的连续渐变过程中，会有间断性突变产生，视生物进化为渐变与突变交替的产物，是对生物进化方式的重要修正。

这两种理论分别代表了演化的自然选择过程与管理适应过程。根本而言，一切学科的研究方法都有其研究方法论作为指导，研究方法论是个体对研究对象的“一系列可以在研究中加以明确的假定”（Mir 等，2000）②，这些假定决定了研究者的理论位置，进而决定了其所研究的问题、研究过程、研究证据、研究结果。生物学进化理论为社会学、经济学、哲学等学科提供了生物学隐喻的研究思路和研究方法，自然也为管理学科提供了一种思考方式和趋向，尤其是对于创新的研究，由于创新本身所具有的传承与发展特性，以及协同绿色创新能力系统更能适合外部环境，能够找到自己的经营领地或利基市场，并且从生存环境中获得资源，使煤炭企业对顾客与市场的需求反应更具灵活性、针对性和弹性，既受到环境的影响也可以通过预测、反应来主动捕捉机遇规避威胁，从而适应环境乃至于改变环境，这一特征使生物进化理论对协同绿色创新能力发展变化的研究思路和方法起到了重要的指导以及借鉴作用。

2.2 协同绿色创新能力

2.2.1 协同绿色创新能力的内涵

(1) 协同绿色创新

如前文所述，哈肯的协同思想中认为系统是由各个要素及其子系统之间的相互作用，逐渐从无序向有序发展而形成统一整体。其中无序就是混沌，

① Hodgson. G. Understanding organizational evolution: Toward a research agenda using generalized Darwinism [J]. Organization Studies, 2013 (6): 973-992.

② Mir R, Watson A. Strategic management and the philosophy of science: The case for a constructivist methodology [J]. Strategic Management Journal, 2000 (9): 941-953.

而有序就是协同。从创新研究的内容来看，企业创新的动力来源、特点、创新的作用机制、演化过程、绩效等通过组织间、部门间共同拟定战略目标、共享资源和知识、协调彼此研发、经营、管理行动才能实现。因此创新的本质决定了单独的一个部门或者企业不可能完成所有的创新，尤其是日益碎片化的客户需求，使得对创新的频率、效率、效果的要求更加严苛，增加了企业单独完成创新活动的难度。

对于绿色创新而言更是如此，第一，从绿色创新的目的来看，绿色创新是要实现经济、社会、自然环境三方面的可持续发展，因而决定了创新活动涉及的内外主体众多；第二，从过程上看绿色创新不仅仅贯穿于产品生产的全过程，在环境压力不断加强的客观形势下，绿色创新的思想和行为将贯穿于整个企业生命周期；第三，绿色创新活动不仅仅局限于研发这一个方面的创造性活动，依据已有的研究结果以及企业的创新实践可以看出，绿色创新还包括产品创新、流程创新、管理创新、经营创新、组织创新、服务创新等诸多方面；第四，从演化机制上来看，绿色创新的演化阶段经历了从要素创新到组织创新再到行业业态创新最后到整个经济体系创新，是一个涉入要素不断增多，协同范围不断扩大的过程；第五，从创新模式的发展来看绿色创新的模式先后经历了线性模式、耦合模式、协同模式三个阶段，即从产生需求、设计研发、生产销售这一线性模式发展到知识管理与技术创新的耦合，最后成为市场、自由流动的知识以及企业能力三方面的相互协同模式；第六，绿色创新的方法是渐进式创新与突破式创新相互结合的过程，即从提高生产效率、节能减排到打破现有技术桎梏，树立企业新的价值创造逻辑，重新定义企业可持续发展。因此，绿色创新的实质是指以实现企业、社会、自然的三方可持续发展为目标，通过一定的方法、制度等关联方式连接的企业、大学、科研院所、行业协会、中介服务机构、政府等各类创新主体之间的有效协同机制，绿色创新是在创新主体各方协同作用下的创新，绿色创新的研究重点即是协同绿色创新。

（2）协同绿色创新能力

根据前文对绿色创新、协同创新以及对企业能力的已有研究结果可以看出，企业能力是企业获得持续竞争优势的原动力，因此协同绿色创新过程即是协同绿色创新能力的形成、发展过程；协同绿色创新是一种新的创新模式，是对传统创新模式在目的、方法、机制方面的突破与变革，因此协同绿色创新能力亦是一种新的资源获得、整合、配置机制；协同绿色创新是涉及宏观与微观各个层面、各个维度的创新，协同绿色创新能力亦是一种多种要素的复杂动态组合；协同绿色创新的演化过程是一由简单线性到复杂协同的过程，所以协同绿色创新能力是特殊的能力，与企业绿色理念的形成与实践、企业内外创新主体的协同行为发展密切相关。结合以上对协同绿色创新定义的归纳总结，本书认为协同绿色创新能力是指企业为了保护环境以及未来资源，依据外界环境变化而获取、整合、配置内外知识及资源，并通过一定的技术、制度等连接方式与其他相关创新主体进行有效协作而形成的持续发展能力。

2.2.2 煤炭企业协同绿色创新能力内涵

煤炭企业协同绿色创新能力界定的实践出发点是当前中国煤炭企业发展的绿色性、协同性特征。煤炭企业间的对抗已经由对市场的争夺转变为对优势资源以及核心人才的争夺，创新成为煤炭企业发展的关键。首先表现为由资源消耗型向节约型转变，以“低污染、低能耗、低排放”的“三低”为基础，向高品位清洁煤炭产品生产转型，实现由煤炭主导型向立体能源型企业的功能提升；其次表现为由控制型向本质安全型转变，煤炭生产的安全性一直是企业、政府乃至于社会关注的焦点，近年来煤炭企业淘汰巷道式、仓储式、高落式、单体支柱放顶煤等落后采煤工艺，建立矿难预警机制及社会、经济、文化、法律的综合治理机制，将单纯的对矿难死亡率的控制提升到实现矿工本质安全的煤炭企业形象的改变；再次由煤炭企业集团向战略联盟转变，煤矿战略联盟虽然比其他行业的联盟形式简单，但依然是核心能力的供求和制约关系（周强等，2003）①，表现为上下游供应链关系、合作主体间协作关系、多煤矿同伴关系等，通过以上关系实现企业间核心竞争力的互补以及弥补在煤炭企业中普遍存在的敏捷性差这一不足，适应当前复杂动态的宏观环境。

结合对协同绿色创新、协同绿色创新能力界定可以看出煤炭企业协同绿色创新能力是指煤炭企业为了充分利用煤炭资源、降低环境污染，依据外界环境变化而获取、整合、配置内外知识及资源，并通过节能降耗、清洁生产等技术以及环保制度等连接方式与其他相关创新主体进行有效协作而形成的持续发展能力。

---

① 周强，孙继平，许世范．基于战略联盟的煤炭企业集成研究［J］．中国矿业大学学报，2003(1)：71－75.

2.2.3 煤炭企业协同绿色创新能力特征

第一，具有可持续性的特点。煤炭企业协同绿色创新能力的最终目的要实现企业、社会、自然的“三赢”，是当前利益与未来利益合理均衡，是创新主体各方建立并保持相对一致的战略目标，使企业短期创新绩效与长期持续竞争优势得以保持的能力。

第二，具有开放性的特征。协同绿色创新涉及企业、政府、中介组织、行业协会、科研院所等诸多创新主体，综合利用内外部各种资源产生创新效益，这种创新模式不仅仅协调企业内部的研发、生产、经营等部门，同时也通过技术合作、战略联盟、风险投资以及知识联盟等方式利用外部资源提高创新绩效，煤炭企业的创新活动不再局限于企业内部，创新过程称为一个开放的系统，创新的核心不再侧重于内部还是外部，而是转变成为以最低的成本、最短的时间实现最佳的绿色创新价值。

第三，具有协同性的特征。首先，它需要技术、战略、文化、制度、组织等全要素协同（曲峰庚等，2013）[①]；其次，协同性表现在创新不只局限在某一个部门，甚至也不能局限在价值链始终，是一包括政府、科研院所、金融机构等其他创新节点构成的创新网络；最后，协同绿色创新是一种全时空的创新，是一种创新的策略、思想和观念，要求创新即时而发、持续创新、跨界创新、全价值网络创新、全流程创新。

第四，具有学习性特征。由于全社会对环境问题的关注，引发了政府对环境规制的强化，以及利益群体对相关问题涉入程度的提高，企业所处的环境更加复杂动态，已有机会的发现、资源重构、技术应用、知识扩散的时间越来越短暂，组织的学习能力对企业创新绩效的实现发挥着非常重要的作用，因此企业对知识的获取、整合、消化吸收、扩散机制导致组织创新能力的不断进化以强化企业对环境的适应性。

---

① 曲峰庚，董宇鸿．绿色创新——新经济时代企业成长动力［M］．北京：经济科学出版社，2013：294－295.

3 煤炭企业协同绿色创新能力系统

通过相关文献梳理以及对煤炭企业协同绿色创新能力的概念界定和特征描述，为协同绿色创新发展的内在驱动——协同绿色创新能力的分析奠定了理论基础。本书拟遵循大多数理论研究的路径，通过构建、分析概念之间的关系来解释某个领域内的相关现象，尽管所要研究的现象通常会包含多种回路，但概念之间的因果“元件”归根到底是系列的关系（张小军，2012）[①]。本书依据这一观点，在以下的研究中通过已有文献以及煤炭企业调研数据，探索煤炭企业协同绿色创新能力的影响要素、构成维度及与煤炭企业创新绩效之间的关系。

3.1 煤炭企业协同绿色创新能力系统理论基础

依据复杂适应性理论的观点，每一个系统都是由构成要素以及要素之间的互动互应关系构成，同时又在一定的环境中存续演化，环境不仅仅对系统进行能量的输入，也会对系统施加约束，对协同的结构和特征产生作用，并通过持续相互适应及自我完善超越自身、涌现出更高层次的系统，在一次次涌现发生的过程中实现了由低级向高级的演化，因此每一个系统的运行都是自组织过程与他组织过程共同作用的结果，依据上文对创新理论与能力理论的系统梳理以及煤炭企业协同绿色创新能力的定义和特征可以看出协同绿色创新能力亦是复杂系统。

每一个系统均有其共性，自然也都有其特殊性。苗东升（2013）[②] 认为组织力来源于系统内部为自组织，来源于系统外部则为他组织。所谓的“自组织”（Self - organization）是指系统在获得时空的或功能的结构过程中，没有受到外界的特定干预。这里的“特定”一词是指结构和功能并非外界强加给系统的，而是外界以非特定的方式作用于系统的。“他组织”（To Be Organized）是指如果组织系统在获得时空或功能的结构过程中，存在特定外界干预，外界以特定的方式作用于组织系统，强加结构和功能于组织系统（Haken，1983）[③]。

① 张小军．企业绿色创新战略的驱动因素及绩效影响研究［D］．杭州：浙江大学博士学位论文，2012：65.

② 苗东升．系统科学精要［M］．北京：中国人民大学出版社，2013：168 - 170.

③ Hermann Haken. Synergetics：An introduction：Non - equilibrium phase transitions and self - organization in physics，and chemistry［M］. Berlin：Springer - Verlag，III，1983：191.

而对于复杂系统，不仅有外部环境的他组织作用，同时还存在内在自组织作用。自组织和他组织是难以区分的两个对立面，相互作用共同决定了事物的发展变化。煤炭企业协同绿色创新能力的形成和发展亦是如此：其发展变化不仅仅受企业内部战略、资源、信息、创新模式等管理要素的自组织驱动，同时还通过自组织与他组织的相互作用，作用于他组织；同理煤炭企业协同绿色创新能力外部影响要素——政治、经济、社会文化、技术等不仅仅产生他组织驱动，也会通过他组织与自组织的相互作用，作用于自组织，因此协同绿色创新能力的有序发展是内外影响要素的正向变化——通过自组织与他组织的非线性正反馈机制作用于协同绿色创新能力的结果，具体分析如下。

（1）内部管理要素的自组织作用

依照前文所阐释的序参量支配原理，协同绿色创新能力首先是内在要素变化驱动的自组织过程，是协同绿色创新能力系统内部要素之间的互动互应过程，即一种要素的变化引起其他要素对它的呼应，发生相应的状态或者行为改变，同时也会影响到该要素，形成复杂的组织内部网络关系。因此内部管理要素发展会影响能力的形成、发展，而能力的形成、发展又会产生新的创新需求，此时现有的创新能力水平将很难把创新需求转化为企业的经济效益，就需要与外界环境中的创新要素进行有效协同，转化外部资源为内部优势，因此每一要素的变化也会引起外界环境中其他协同创新要素的回应和反馈，并促进该要素的发展，正是在这种正反馈过程中，协同绿色创新系统不断探索、学习、自我评价、扩展、建立新的结构形成新的行为模式，实现协同绿色创新能力系统从无序到有序的发展。

（2）外部环境要素的他组织作用

每一个系统如果只有自组织驱动，即在自发的基础上去把握系统目标、协调行动则使整个系统的运行变成一种随机搜索，其有效性会严重降低，因此系统在其运行的过程中不仅仅依靠自组织驱动，还需要环境要素对其施加他组织作用，约束和引导自组织过程。在煤炭企业协同绿色创新能力提升的过程中一方面要受到组织内部要素的影响，另一方面也要受到环境中的政治、经济、社会文化、法律等外部环境要素对其的影响作用——市场的特征与变化直接影响创新能力提升的效率和效益；政策要素引导着创新能力提升的重点和方向，通过合理利用外界环境中的资源，经过组织学习、消化、吸收、转化过程增强企业自身的创新能力，避免企业的封闭式创新所形成的能力刚性；社会称许性活动会促使企业形成生态友好型的企业文化等。由此可见他组织驱动可以限制和克服自组织驱动的缺陷，即外部影响要素驱动与内部影响要素驱动优势互补可以实现系统的最佳整体涌现性，促进煤炭企业协同绿色创新能力的形成和发展。

综上所述，煤炭企业协同绿色创新能力分析模型的构建即是确定、分析内外影响要素对于协同绿色创新能力的影响机制以及在已有理论研究的基础上推导本书所提出的协同绿色创新能力是否能够实现经济、社会、生态"三赢"的创新绩效的过程。

3.2 煤炭企业协同绿色创新能力影响要素

3.2.1 影响要素确定依据

从煤炭资源的物理性质来推断煤炭企业协同绿色抽象能力的影响要素：煤炭企业是典型的资源型企业，因此煤炭资源的地质赋存条件和储量是决定煤炭企业生产、经营、制度、战略、技术各项创新的基本条件。在同一矿田中由于成矿背景最为相似、矿床最为集中①，因此整合所有探矿及采矿权，联合相关科研院所，"找矿着眼开矿，开矿引导找矿"，进行预查、普查、详查、勘探、开发等，才能进一步完成洗选、采煤、储存、运输、销售等环节。

再从文献中对绿色创新、协同创新影响要素进行归纳整理，从中抽取共同要素的方法虽然适用于一般企业协同绿色创新能力的分析，但是对于现阶段煤炭行业而言，哪些是主要因素要优先考量，哪些是次要因素可以暂时搁置的结论却难以得出，同时由于对煤炭企业协同绿色创新能力影响要素已有研究并不完整、系统，因此对影响要素的分析本书拟采用 SSIP 过程（Scan－Search－Interview－Preliminary Research）进行聚焦，即影响要素的确定要经过煤炭行业网站热点词和创新技术网站高频词的搜索、相关文献关键词的检索、煤炭行

① 汪松．河南省矿产资源整合系统、模式及潜力研究［D］，武汉：中国地质大学博士学位论文，2014：34－35.

业相关人员的调查访谈、煤炭企业预调研四个程序。前两个程序是要完成两项基础性研究：首先要明确实践中煤炭企业创新的特殊性，其次要总结梳理已有的对煤炭企业创新能力影响要素的研究，以上述两项研究为基础，继而进一步结合煤炭企业的访谈实践，再经过预调研检验最终确定煤炭企业协同绿色创新能力的影响要素，使本书的研究更富有针对性，更能符合煤炭企业的具体实践。

（1）转型期中国煤炭企业创新的特殊性

根据中国煤炭网、中国煤炭新闻网、中国煤炭信息网、中国煤炭资源网等行业网站出现的高频词和技术创新术语，收集有关煤炭企业焦点词汇以及煤炭企业创新热点词汇进行分析可以看出：煤炭企业创新的特殊性来自当前煤炭行业的特殊性，而当前煤炭行业的特殊性又是由煤炭资源的特殊性所决定的。煤炭资源的特殊性首先表现在煤炭资源的地质赋存条件和储量，因此井田精细化勘探技术、煤矿大型综采设备的应用、精煤的回收与浮选以及洁净煤技术等提高煤炭资源利用效率和效果的技术水平是决定煤炭企业创新的关键。其次，煤炭资源另一个重要特点是其不可再生性以及在开采过程中产生的生态负效应。煤炭开采带来的压占、挖损、地表塌陷等都会造成矿区生态系统受到干扰或者损害。其中水、土受到的影响最为直接，植被受到的扰动又会影响到“第一生产力和碳循环”（杨永均等，2015）[①]，露天矿区主要以土地的直接损毁为主，而井工开采则表现为下沉盆地、塌陷等，同时中国煤炭行业发展区域性差异扩大，东部地区煤炭资源日渐枯竭，产量萎缩；中部地区受资源与环境约束的矛盾加剧，煤炭净调入省份增加；资源开发加速向生态环境脆弱的西部地区转移，因此对于注重煤炭资源的可循环利用以及在开发、生产经营过程中的环保意识是煤炭企业创新过程的起点之一也是重点。再次，由于煤炭资源的使用价值是天然形成的，产品的更新换代不会像其他行业的产品那么迅速，同时创新成果也并不能体现在产品之外，因此煤炭企业的创新过程贯穿于整个生产过程，依据当前煤炭行业转型发展的特定历史时期以及企业各自的资源、发展阶段等条件进行系统分析，建立以调整、创新为特征的绿色战略，对煤炭产品的各个战略经营单位进行合理的资源配置，对煤炭产品的生产过程进行科学设计和管理是

① 杨永均，张绍良，侯湖平，等．煤炭开采的生态效应及其地域分异［J］．中国土地科学，2015（1）：55－62.

煤炭企业创新的重心。另外，从煤炭产品下游用途来看，商品煤大致可分为动力煤、化工煤、冶金煤和喷吹煤，各品类价格因煤种自然赋存差异及需求量不同呈现明显差异，但煤炭下游需求行业均为强周期行业，行业景气度与宏观经济保持高度联动，各类商品煤价格走势也趋于一致。由于中国“富煤、少油、贫气”的能源结构，煤炭产能严重过剩，导致煤炭产品的重点合同价格与市场价格之间的差距逐渐缩短，因此2012年国家正式取消运行了16年的煤电价格双轨制，2013年《煤炭经营监管办法》和《中华人民共和国煤炭法》的修改进一步明确了政府与煤炭市场之间的关系，同年动力煤和炼焦煤期货的接连上市标志着煤炭期货市场与现货市场在协同发展，从上述实践可以看出煤炭产品的市场化率在迅速提升，对煤炭价格单向偏差校正能力增强，价格开始反映预期、供需、市场势力等因素的变化，市场驱动煤炭企业的创新活动。最后，煤炭开采和洗选业是关乎国计民生基础战略性支柱产业，但是根据《中国环境统计年鉴》以及《中国工业统计年鉴》的相关指标可以看出中国煤炭行业每单位产出工业“三废”排放量明显高于全国工业的平均水平，因此政府采取排污收费制度、排污许可证制度、环评制度等措施从末端控制、过程控制、事先预防三个方面对煤炭企业的环境影响进行规制，引导企业采取绿色开采、节能技术改造等综合治理技术，由此可见政策的环境规制对煤炭企业创新发挥着重要的约束以及引导作用。综合以上对于煤炭企业创新的特殊性分析，可以看出转型期煤炭企业创新的特殊性表现为相较于其他行业受政策规制的影响尤为明显，消费者对于产品的环保特性日趋重视，受煤炭资源不可再生性的约束，创新不仅仅集中在技术层面的清洁化、节能减排降污同时亦需要管理创新——对企业的经营管理进行系统设计，实现大“3R”循环。

(2) 煤炭企业创新能力影响要素的理论确定依据

尽管扎根理论强调研究问题的提出及理论构架是一个自然涌现的过程，但却不能因此成为忽视理论的借口，清晰界定问题才能获得立论充分的理论而非杂乱无章的数据。对于煤炭企业创新能力影响要素的研究，刘雪琦（2013）① 在对煤炭企业技术创新能力的研究中将其划分为外部影响要素、内部影响要素。其中外部影响要素具体包括：煤炭行业竞争程度、煤炭行业技术研发能

① 刘雪琦．煤炭企业技术创新动力机制及能力评价［D］．徐州：中国矿业大学博士学位论文，2013：31－43.

力及水平、环境与资源压力、政府支持与推动、金融机构资金支持、法律法规落实与监管执行力度以及创新氛围等方面；内部影响要素具体包括：企业规模与实力、创新企业文化、组织与管理机制、企业家重视程度、资金投入、人力资源素质等。王文良（2013）① 将影响煤炭企业生态竞争力的影响因素划分为市场、政策、管理、人力资源、技术、应对变化的能力。宋彧等（2009）② 将大型煤炭企业自主创新的影响因素亦划分为内外两个维度：外部影响因素为市场、社会制度、社会文化，内部影响要素为企业制度、企业文化、自主创新能力。郭淑芬等（2012）③ 依据山西煤炭行业的发展格局将煤炭企业自主创新的外部影响要素确定为市场环境、国家政策环境、资源环境以及社会服务环境。蒋艺博等（2014）④ 认为绿色矿山的技术创新外部影响因素可以分为政府政策、行业竞争、社会环境、行业技术四项，而内部影响因素则可划分为：创新精神、创新激励机制、创新资金投入、员工培训等。王林珠（2013）⑤ 对煤炭企业循环经济影响要素的已有文献做了频次分析后得出资源、环境、经济因素是主要影响因素。根据以上对于煤炭企业创新影响因素的分析以及文献综述中有关绿色创新、协同创新的影响要素可以看出，对于煤炭企业创新的影响要素一般分为内外两个维度，其中外部维度主要集中在市场以及政策两个要素上，而内部要素则集中在企业资源、管理者认知、企业文化、技术水平等要素上。

3.2.2 影响要素确定过程

根据上述对于煤炭企业创新特殊性的分析以及对于煤炭企业创新能力影响要素的文献梳理，对分析结果取其交集，并参考有关大同同煤集团、兰花集团等大型煤炭企业的相关文献、网络、报刊报道、政策法规等进行了前期

① 王文良．煤炭企业生态竞争力评价及实证研究［D］．武汉：中国地质大学博士学位论文，2013：37－38.

② 宋彧，王春梅，崔超群．大型煤炭企业自主创新的影响因素分析［J］．中国矿业，2009（9）：56－58，60.

③ 郭淑芬，张康．山西省煤炭企业自主创新环境评价［J］．技术经济，2012（1）：22－28.

④ 蒋艺博，孔亮，闫翔宇．绿色煤炭矿山技术创新影响因素研究［J］．中国高新技术企业，2014（22）：118－119.

⑤ 王林珠．煤炭企业循环经济发展力评价研究［D］．武汉：中国地质大学博士学位论文，2013：11.

访谈内容的聚焦，形成证据链，保证访谈问卷设计的适用性和针对性，并初步确定研究目标与主要研究内容，将结果编制开放性问卷同山西省能源局相关部门负责人、煤炭企业产业园区负责人、煤炭企业相关部门从业人员、高校煤炭企业研究课题组确定煤炭企业协同绿色创新能力的主要影响因素（见表3－1）。

表3－1　案例原始资料

资料形式	资料概况
学术/非学术文献	大同同煤集团为主题检索948篇 兰花集团为主题检索到49篇
政策法规	大同同煤集团相关政策法规22份（来源：国务院、国家发展和改革委员会、国家安全生产监督管理总局、国家能源局财政部、国家煤炭工业局、山西省人民政府办公厅、山西省能源局、朔州市人民政府） 兰花集团相关政策法规19份（来源：国务院、国家发展和改革委员会、国家安全生产监督管理总局、国家能源局财政部、国家煤炭工业局、山西省人民政府办公厅、山西省能源局、晋城市人民政府）
报纸	大同同煤集团相关报道65篇（来源：中国矿业报、中国煤炭报、中国能源报、人民日报、山西日报、大同日报等） 兰花集团相关报道87篇（来源：中国矿业报、中国化工报、中国煤炭报、中国能源报、中国新闻报、中国经济时报、山西日报、山西经济日报、太行日报等）
网络报道	大同同煤集团相关报道92篇（来源：中国煤炭网、人民网、新华财经、山西国资网、新华网、中国新闻网、山西新闻网、黄河新闻网、百度百科等） 兰花集团相关报道58篇（来源：中国煤炭网、中国环保信息网、人民网、凤凰网、中国新闻网、山西新闻网、晋城新闻网、搜狐网、百度百科等）
政府网站	大同同煤集团相关资料75份（来源：发改委、能源局、工信部、生态环境部、国务院、山西省政府等网站） 兰花集团相关资料22份（来源：发改委、能源局、工信部、生态环境部、国务院、山西省政府等网站）

资料来源：本书整理。

开放式访谈是依据对煤炭企业协同绿色创新能力影响要素研究结果收集整理，编制相应的访谈问卷，请被访问者选出影响煤炭企业协同绿色创新能力的主要题项，或者根据自己的实践经验以及研究结果列出其他未被包括的研究结果，根据扎根理论资料分析的编码过程对被访谈者的回答进行整理，结果见表3－2。

在开放编码形成的范畴基础上，阐明“故事线”，“故事线”是指范畴之间的关系构成，协同绿色创新的影响要素的“故事线”形成以下五个主范畴：(1) 市场导向，包括顾客需求与市场竞争；(2) 政策导向，包括环保压力、推力以及合作支持；(3) 战略导向，包括协同企业的共同愿景与企业战略；(4) 技术水平，包括信息技术与绿色技术；(5) 企业文化，包括合作意愿、信任意识以及环保理念。

依据编码过程第三步选择性编码的要求，仍需对已经形成的主范畴进行进一步的确定，故在山西若干大型煤矿的调研过程中通过与企业相关负责人的进一步访谈以及对企业协同绿色创新实践的进一步观察，再次确定了影响要素的五个主范畴。

表3－2　　煤炭企业协同绿色创新能力影响要素主范畴

编号	主范畴	概　　念
1	信息技术	互联网技术的发展
2	绿色技术	绿色技术的发展
3	环保理念	管理者重视环境保护
4	企业战略	管理者重视可持续发展
5	环保压力	政策的环境规制
6	环保推力	政府环保等项目的税收优惠、资金支持
7	共同愿景	合作者的远景规划相同或者相近
8	信任意识	合作双方的信任程度比较高
9	市场竞争	清洁能源以及进口煤炭的替代
10	顾客需求	用户对清洁煤炭产品的需求
11	合作意愿	合作者之间愿意信息、资源共享
12	合作支持	政府对煤炭企业与行业内外组织合作有支持

3.2.3 影响要素构成维度

依据开放式编码结果，本书将从市场导向、政策导向、战略导向、技术水平、企业文化这五个维度分析其对协同绿色创新能力的影响作用。

(1) 市场导向

市场导向（Market Orientation）的定义最初是营销观念的具体执行（陈启杰等，2010）①，不同的学者对市场导向定义亦有不同的侧重，大致可以划分为文化观、行为观、整体市场观（李巧华，2014）②，同时也有不同的研究重点：Ford 等（2013）③ 研究市场导向、资源导向对财务绩效、客户绩效、创新三者之间的关系；Lamore 等（2013）④ 研究市场导向相关的战略选择对市场营销与研发人员间的关系，以及此种关系如何影响组织绩效，研究认为在新产品开发过程中营销和研发职能受沟通、信息共享、协同程度影响很大。但不论是哪种研究角度，其中心是分析消费者需求对于企业行为的影响即需求诱发持续创新动力。根据本书的研究重点和研究方法，首先确定针对煤炭企业其市场导向的重要表现是绿色市场的存在。所谓绿色市场，是基于环境保护以及资源的综合、循环利用的角度，出于社会和个人健康、安全的角度，为满足个人、家庭和组织需要而产生持续购买行为的消费者和用户群（曲峰庚等，2013）⑤。绿色市场形成的前提是足够的绿色消费需求：环境污染的加剧与消费者环保意识的提高，形成潜在的绿色需求、一些具有预见性和前瞻性的经营者开始生产和经营适应绿色消费的产品，此时的绿色产品销售增长率和利润率都比较低，需要市场对其进行进一步的认识和选择，企业会根据

---

① 陈启杰，江若尘，曹光明．“市场—政策”双重导向对农业企业绩效的影响机制研究——以泛长三角地区农业龙头企业为例［J］．南开管理评论，2010（5）：123－130.

② 李巧华．生产型企业绿色创新：影响要素及绩效相关［D］．成都：西南财经大学博士学位论文，2014：44－52.

③ Ford. D，Paladino. A. Enabling Innovation through Strategic Synergies［J］. Journal of Product Innovation Management，2013（6）：1058－1072.

④ Lamore. P. R，Berkowitz. D，Farrington. P. A. Proactive/responsive market orientation and marketing－research and development integration［J］. Journal of Product Innovation Management，2013（4）：695－711.

⑤ 曲峰庚，董宇鸿．绿色创新——新经济时代企业成长动力［M］．北京：经济科学出版社，2013：35－36.

市场选择的结果进行追加投入或者选择退出这一领域，因此消费者的需求对绿色市场的发展影响极为关键，其次市场导向的构成维度，并不仅仅包括消费者，竞争者是另外一个重要分析维度，Atuahene - Gima（2005）① 的研究表明在市场导向与竞争者导向的共同作用下使管理者做出均衡决策，煤炭市场在能源消费升级的过程中受到冲击是必然现象，同时在环境成本日益提升的状况下，煤炭能源相较于其他能源其价格优势也在逐渐降低，面对目前的市场状况，煤炭企业在分配资源时不仅仅考虑现有的创新能力同时也考虑发展新的创新能力以促进企业的长期均衡发展。

（2）政策导向

陈启杰等（2010）② 在其研究中第一次提出了“企业政策导向”（Enterprise Policy Orientation）这一定义，并将企业政策导向划分为政策信息的产生、传播以及企业经营行为调整三个过程层次，并将政策的引导过程定义为企业收集、分析、传播政策信息、并依据相关政策信息引导、调整企业经营管理行为以实现组织目标的过程。由于政策本身的权威性和普适性特征，其重要性自然不言而喻，同时政策是一定时期、历史条件、国情条件下产物，具有时效性，当前国家的相关政策比已有的制度对企业行为影响程度更深，以 2005 年所颁布的《国务院关于落实科学发展观加强环境保护的决定》为标志强化对煤炭企业的环境规制，陆续颁布了《固体废弃物污染环境防治法》《水污染防治法》《循环经济促进法》《清洁生产促进法》《矿山生态环境保护与污染防治技术政策》《煤炭法》等法规，这些法规的颁布以及实施虽然在某种程度上增加了煤炭企业的环境治理成本，但同时也驱使煤炭企业从目前被动的污染治理技术逐渐向污染防控、清洁生产、无废工艺、制度以及管理创新等综合治理方案过渡，因此煤炭企业需要敏锐把握国家相关环保政策、创新各方有效协同的激励政策，进而根据政策的引导方向，调整创新重点与方式，实现创新目标。

（3）战略导向

张妍等（2014）③ 在其战略导向（Strategy Orientation）研究综述中将战

① Atuahene - Gima. K. Resolving the capability - rigidity paradox in new product innovation [J]. Journal of Marketing, 2005, 69 (4): 61 - 83.

② 陈启杰，江若尘，曹光明．“市场—政策”双重导向对农业企业绩效的影响机制研究——以泛长三角地区农业龙头企业为例［J］．南开管理评论，2010（5）：123 - 130.

③ 张妍，魏江．战略导向国内外研究述评与未来展望［J］．中国科技论坛，2014（11）：130 - 143.

略导向定义为企业为了指导其活动面向持续更优的绩效所实施的一种引导并影响企业活动的战略方向。目前战略导向定义的多样性源于战略定义多种多样，难以共识的原因在于战略的多维特性与权变特性，与本书研究比较接近的，同时也是被相关研究者所认同的，是企业资源与核心能力理论，企业资源学派认为竞争优势来源于企业内部稀缺的、异质的、不可模仿、不可替代的资源，而竞争优势的维持则由核心能力学派来完成，该学派认为企业本质上是各项能力的集合，核心能力是其最关键、最基本的能力，企业长期竞争的决定因素是如何获得并且运用核心能力（唐震等，2008）①。煤炭企业核心能力的培育和提高过程，就是企业与其他创新主体有效协同进行绿色知识与能力积累的过程，如何通过协同绿色创新推进煤炭产品的绿色生产、煤炭资源的绿色利用、煤炭商品消费升级，改变“高投入、高产出、高回报”的发展方式，实现煤炭企业生态竞争力的提高。

（4）企业文化

企业文化（Enterprise Culture）是企业在处理外部环境中的生存问题和内部聚合问题的过程中通过学习形成的深层次的基本假设和信念（Sehein，1985）②，这一定义在学术界具有一定代表性（赵曙明等，2011）③，从这一定义可以看出，企业文化也是一个系统，同自然生态系统一样由企业文化主体及其环境共同构成，受外部环境影响，与外部环境进行物质、信息、能量的交换，因而也可以改造环境，伴随着企业的经营管理活动同样有着物质、能量与信息的流动，这种流动具有交互、反馈、循环以及自我调节等特征，能随着宏观环境的变化以及企业文化建设活动不断运动变化，体现企业文化的内部特征（Denison，1995）④ 与外部价值（刘新荣，2007）⑤。针对煤炭这一特殊行业安全环保文化、绿色生产文化、低碳文化、健康文化等在绝大部分尤其是大型煤炭企业中得到了提倡，这种以绿色为特征的企业文化并不仅仅

---

① 唐震，张阳，李明芳．西方战略管理理论［M］．北京：科学出版社，2008：9－54.

② Sehein. E H. Organizational culture and leadership［M］. San Francisco：Jossey－Bass，1985：59－61.

③ 赵曙明，裴宇晶．企业文化研究脉络梳理与趋势展望［J］．外国经济与管理，2011（10）：1－8，16.

④ Denison. D. R，Mishra. A. K. Toward a theory of organizational culture and effectiveness［J］. Organization Science，1995（2）：204－223.

⑤ 刘新荣．文化个性与企业价值研究［J］．中国工业经济，2007（2）：101－109.

局限在生态环保这一领域，企业的社会形象、团队精神、思想道德建设都被包括在内，发挥其提升煤炭企业的软实力，保障煤炭企业协同绿色创新能力发展的基础性作用。

(5) 技术水平

技术在现代汉语里的意思指人类在认识自然和利用自然的过程中积累起来并在生产劳动中体现出来的经验和知识，也泛指其他操作方面的技巧。纵观技术的发展历程经历了从原始技术范式到现代技术范式的转变，技术范式（Technology Paradigm）决定技术的发展轨道，按照其对经济增长的作用方式不同，又可以分为线性经济技术范式和闭环经济技术范式（杨伟娜等，2010）①。范式是科学理论发展的内在规律与演化机制，闭环经济技术范式表明，技术水平的发展已经从传统经济发展模式，即"只污染不治理"，经历末端治理过程、清洁生产过程、绿色产品过程、逐渐过渡到资源循环利用的绿色创新阶段。在此阶段，开采技术依然是技术创新的突破点，这是由于煤炭产品价值的天然性和不可转移性，决定煤炭企业需要发展煤炭产品的洗选加工、筛选加工、合理配煤以及进行水煤浆、气化、液化等煤炭的深加工。由于煤炭企业依然是劳动密集型企业，因此技术水平的高低决定了煤炭企业将采取自主创新还是合作创新，同时也决定了煤炭企业解决生产过程中产生的生态负效应问题的效率和效果。

3.3 煤炭企业协同绿色创新能力构成维度

3.3.1 协同绿色创新能力构成维度划分依据

曲峰庚等（2013）② 在其研究中将协同绿色创新的管理维度分为了 8 类（见表 3-3），此种分类虽然比较全面具体，但针对某一具体行业或者经营管

① 杨伟娜，刘西林，李玉萍．一种循环经济与技术创新协同发展模型的构建［J］．软科学，2010（1）：21-26.

② 曲峰庚，董宇鸿．绿色创新——新经济时代企业成长动力［M］．北京：经济科学出版社，2013：296.

理领域的研究契合性有所欠缺；孙凌宇（2012）① 在其研究中将绿色转型能力视为一种特殊的能力，认为绿色转型能力的形成与发展与绿色发展的理念以及企业的战略转型密切相关，将绿色转型能力划分为战略洞察能力（Strategic Insight Capability）、网络协调能力（Network Coordination Capability）、管理控制能力（Management Control Capability）、绿色创新能力（Green Innovation Capability）四个维度；任宗强（2012）② 在基于创新网络协同对创新能力进行研究的过程中将创新能力分为利用性创新能力（Exploration Capability）和探索性创新能力（Exploitation Capability）；陈光（2005）③ 在对企业内部协同创新的研究中将协同创新能力分为市场创新能力、技术创新能力、制度创新能力、文化创新能力四个维度。

表3-3　协同创新管理维度

维度	具体内容
时间	即时创新、即兴创新、连续出现等全时空创新
空间	全地域、全流程、全价值链等全球化创新
要素	技术、战略、文化、组织、制度、市场等创新
类型	产品、服务、工艺、架构、商业模式的创新
程度	渐进式、突破式创新
方式	独立、引进、合作、开放式创新
主体	部门创新、全员创新
协同	以上各要素的协同

资料来源：根据曲峰庚等（2013）④ 研究整理。

对于创新能力维度的经典划分，1994 年 Hender⑤ 等就提出了一个非常广的范畴，将企业创新能力划分为架构能力与元件能力，元件能力（Main Body Capability）作为解决日常问题的基础和专业职能部门的能力，而架构能力

① 孙凌宇．资源型企业绿色转型成长研究［D］．长沙：中南大学博士学位论文，2012：95－104.

② 任宗强．基于创新网络协同提升企业创新能力的机制与规律研究［D］．杭州：浙江大学博士学位论文，2012：70－72.

③ 陈光．企业内部协同创新研究［D］．成都：西南交通大学博士学位论文，2005：63－66.

④ 曲峰庚，董宇鸿．绿色创新——新经济时代企业成长动力［M］．北京：经济科学出版社，2013：296.

⑤ Hender. R，Cockburn. I. Measuring competence? Exploring firm effects in pharmaceutical research［J］. Strategic Management Journal，1994（15）：63－84.

（Architecture Capability）则是一种整合能力。在这种系统观点的基础上，张昊一（2012）[①] 亦将传统产业持续创新能力划分为"架构能力"与"元件能力"：架构能力是一种联系能力，通过强化创新主体间的关系促进企业内外创新资源的流动；元件能力是包括研发、制造等职能化的能力；楼高翔（2009）[②] 认为供应链协同过程能力应划分为技术创新能力和协同能力；苏先娜等（2013）[③] 基于协同创新理论将技术创新能力划分为研发能力、财务能力、协同能力、产出能力；石芝玲（2010）[④] 将开放式创新能力分解为技术能力与网络能力。从以上国内外学者基于更广范畴的对创新能力划分方法的梳理，可以看出对创新能力构成维度的划分基本上可以概括为内外两个层面，其中内部层面主要分析有关创新能力基本作用机理，而对于外部层面主要分析创新主体之间的联系、相互作用机制。基于以上的研究思路本书将协同绿色创新能力分解为协同能力与绿色创新能力两个维度，即从"构架"和"元件"两个层面研究协同绿色创新能力的影响要素及其对企业创新绩效的作用机制和作用效果。

3.3.2 协同绿色创新能力维度划分

（1）绿色创新能力分析

煤炭企业的绿色创新能力包括节能减排、清洁生产、循环经济等数种发展能力。广义的节能减排能力是节约物质资源和能量资源、减少污染物（包括三废和噪声等）排放的能力。煤炭企业的节能减排能力系统主要由节能减排技术子体系、节能减排管理子系统、节能减排外部保障子体系构成（张蓓佳，2013）[⑤]，其中技术子系统又可以分为节能方法与减排方法，即在煤炭开

---

① 张昊一．基于涌现型的中国传统产业持续创新能力研究［D］．哈尔滨：哈尔滨工程大学博士学位论文，2012：38－40.

② 楼高翔．供应链技术创新协同研究［D］．上海：上海交通大学博士学位论文，2009：98－101.

③ 苏先娜，樊理山．基于创新协同理论的企业技术创新能力评价指标体系研究［J］．山东纺织经济，2013（7）：19－21.

④ 石芝玲．基于技术能力和网络能力协同的企业开放式创新研究——以高新技术企业为例［D］．天津：天津大学博士学位论文，2010：28－36.

⑤ 张蓓佳．煤矿企业节能减排动力机制及体系构建研究［D］．徐州：中国矿业大学博士学位论文，2013：64－65.

采过程以及企业日常经营管理当中设计、简化生产环节、提高难采煤层的开采率、推广新型管材、设备以达到对水、电、煤炭等资源的节约使用；在煤炭资源的开采使用过程中，通过工农业利用以及各类瓦斯合成油、液化天然气等项目实现对矿井水、煤矸石、瓦斯的排放的减少，如图 3－1 所示。

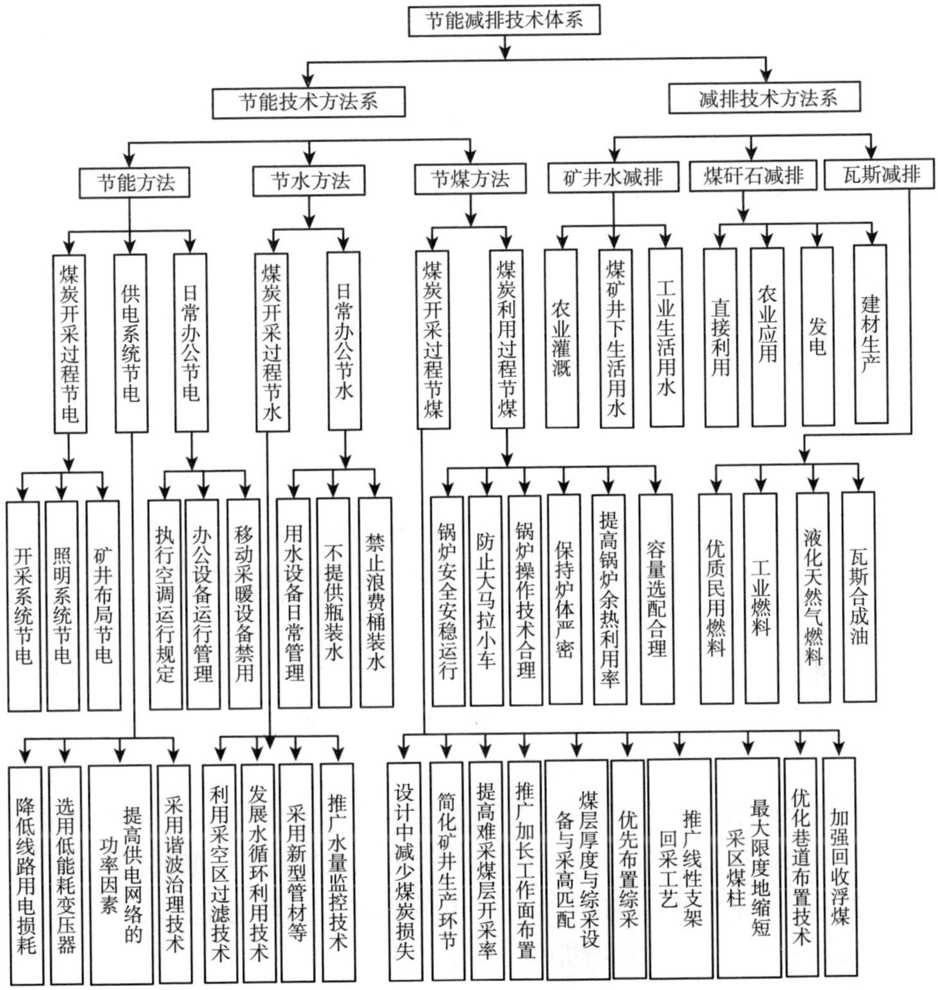

图 3－1　节能减排系统示意图

资料来源：张蓓佳．煤矿企业节能减排动力机制及体系构建研究［D］．徐州：中国矿业大学博士学位论文，2013：64－65.

而对于清洁生产能力，煤炭企业通过诸如矸石井下充填、分选、综合利用等煤炭清洁生产技术、洁净煤技术、废弃物综合利用技术、复垦与污染治理技术、煤炭产业发展技术以实现提高煤炭资源回收率、减少废弃物排放、实现矿井水的净化以及瓦斯、煤泥、煤矸石的综合利用，同时兼顾土地的复垦以及防治粉尘污染的效果，以实现生态目标的能力，如图 3－2 所示。

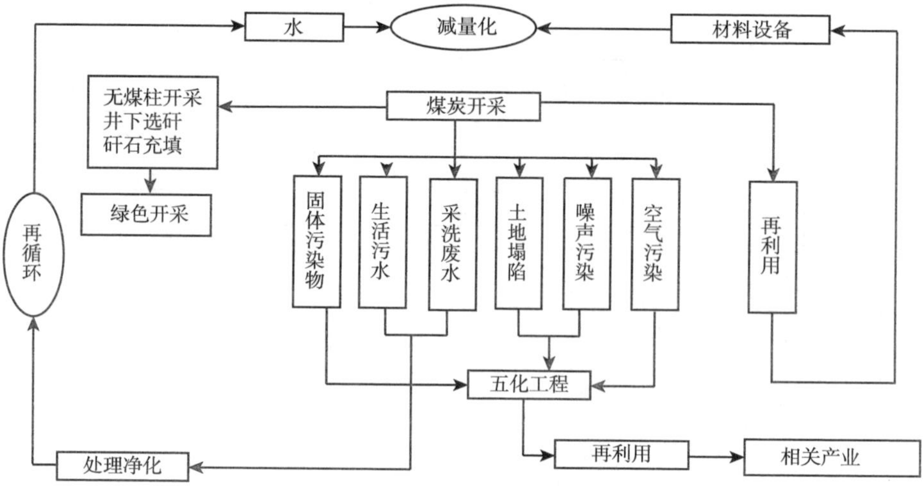

图 3－2　清洁生产系统示意图

资料来源：王均才，李旗纲，陈雷．高庄煤业有限公司清洁生产的实践［J］．中国煤炭，2012（5）：118－121.

对于循环经济，各个煤炭企业的举措却不尽相同，“循环是系统功能的一种生态整合机制”（王如松等，2006）①，是对线性思维、线性生产、单向消费的传统产业模式的突破式创新，其内涵包括但不限于：物质的循环利用和再生；能源的清洁利用和更新；信息的灵敏反馈和知识创新；人力资源的培育；资金的融通和增值；空间格局的整合与区域协调；时间的连贯性；代际公平性；过程平稳性；系统自组织、调节的协同进化功能。煤炭企业的循环经济模式是开拓竞争的市场机制与自生共生的循环机制的结合。目前看中国煤炭企业的循环发展模式主要有以下几种典型类型（江卫，2012）②、（李

① 王如松，周涛，陈亮，等．产业生态学［M］．北京：新华出版社，2006：13.

② 江卫．基于系统动力学的煤炭企业循环经济系统研究［D］．天津：天津大学博士学位论文，2012：55－63.

士金，2010)①。

一是同煤模式。同煤集团循环经济的逻辑起点是不再将煤炭资源当作燃料而是将其视为原料，进行综合利用、综合加工，纵向延伸产业链：主要形成了煤—化工、煤—电—建、煤炭—钢铁—机械三条煤炭资源综合利用产业链，实现煤炭资源开采、使用过程中产生的废水、废气、固体废弃物的循环使用，如图3－3所示。

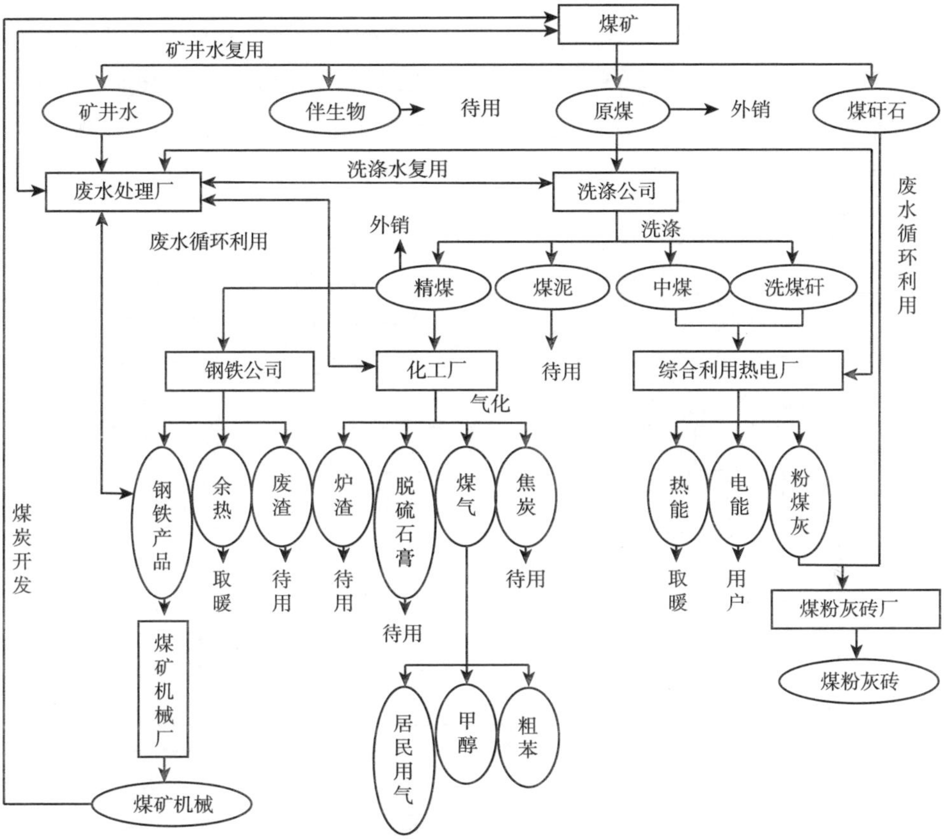

图3－3 同煤模式

资料来源：李士金．同煤集团发展循环经济的运行模式研究［D］．阜新：辽宁工程技术大学博士学位论文，2010：38－46.

① 李士金．同煤集团发展循环经济的运行模式研究［D］．阜新：辽宁工程技术大学博士学位论文，2010：38－46.

二是平煤模式。平顶山矿区循环经济的逻辑起点是“以煤为本，相关多元”，促进煤炭以及相关产业的协同发展，主要形成了煤炭—气化—尿素—精细化工、煤炭—炼焦—焦油加工—碳素、煤炭—电力—建材产业链。尤其重要的是平煤集团的循环经济模式是“点线面”相结合的发展模式，不仅仅有上文提到的三条产业链，同时实行广泛布点、因地制宜的“点循环”模式，即生产过程实现精采细收，杜绝弃瘦采肥；对煤炭产品加大洗选力度，实现“优售劣用”；对全矿区的22个生产单位所产生的废水、废气、固体废弃物进行循环使用，实现降低环境污染，合理利用煤炭废弃物的效果。同时，形成合理布局、综合开发的“面”循环：建设平顶山煤盐联产化工产业园、开封精细化产业园、开发建设汝州、禹州煤电工业园等布局合理、能够充分进行系统集成、多项目联产的循环经济产业园，实现循环经济的规模化，如图3-4所示。

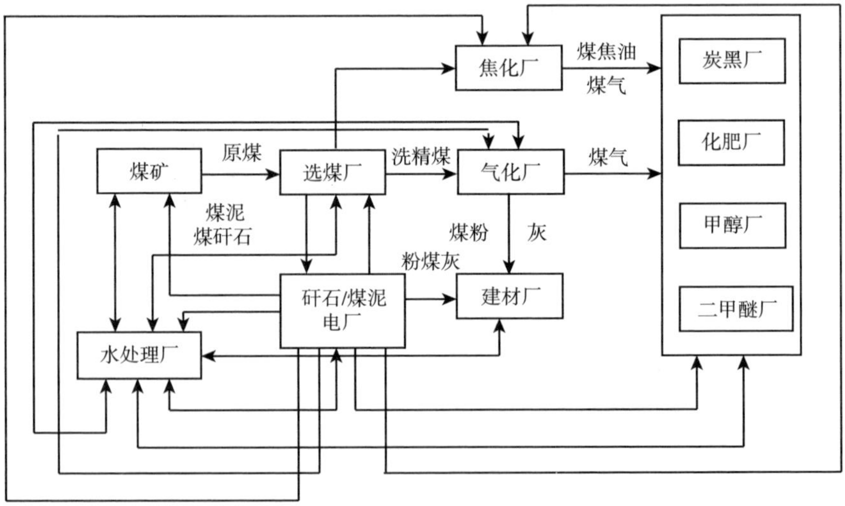

图3-4 平煤模式

资料来源：江卫．基于系统动力学的煤炭企业循环经济系统研究［D］．天津：天津大学博士学位论文，2012：55-63.

三是兖矿模式。兖矿集团的循环经济的逻辑起点是“自主创新、做强主业、大项目多联产”，以先进技术做强主业，以高效综放开采为主，探索薄煤层、边角煤和“三下煤”的开采工艺，最大限度的利用煤炭资源，有效降低煤炭资源浪费。建立煤—气—化、煤—焦—化、煤—电—铝等多条循环经济产业链，实现了热、电、气联供。此外，建立了高硫煤清洁利用基地，将高硫煤变废为宝，有效延长了薄煤层的使用年限，如图 3 –5 所示。

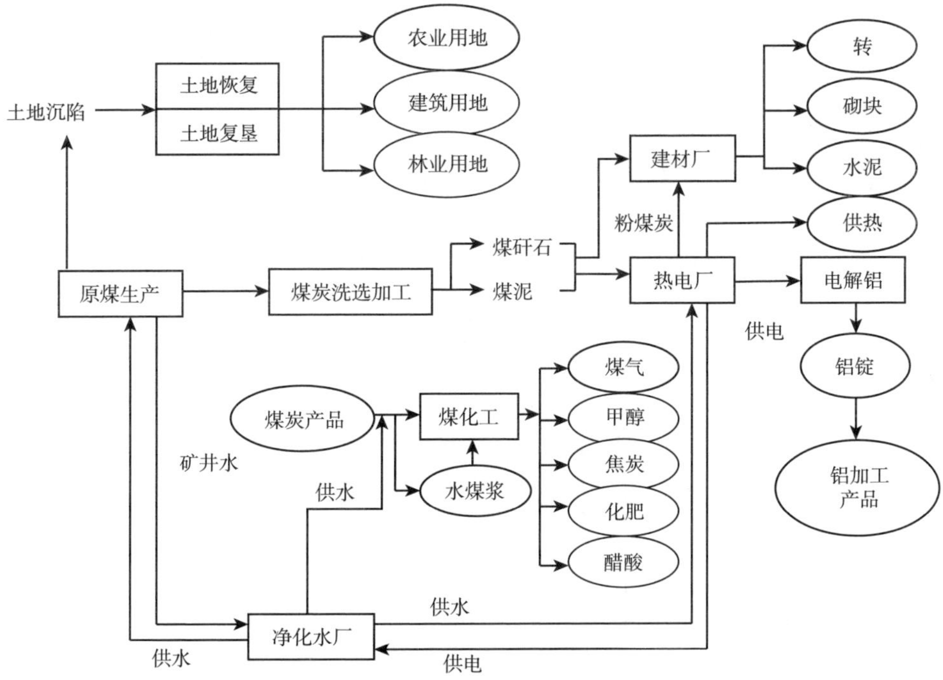

图 3 –5　兖矿模式

资料来源：江卫，基于系统动力学的煤炭企业循环经济系统研究［D］，天津：天津大学博士学位论文，2012：55 –63.

以上企业循环经济发展模式在生产资料投入的减量化、生产过程中对煤炭资源的再利用以及产品废弃物的循环使用做出了有益的探索，展示出循环经济发展模式是煤炭企业经营模式从粗放型向节约型转变的必由之路。

本书所研究的煤炭企业绿色创新能力是以上各种能力的综合与升华，先从绿色创新来看，学术上虽然对绿色创新的表述并没有完全一致，但是对其研究内容、研究目的、研究导向、研究动力、研究层次的认定基本上是比较一致的，即绿色创新是在煤炭企业的整个生命周期内，在经济、社会、环境的全面可持续发展要求下，对产品、流程、服务、方法等方面开展的创造性活动，其最终目的是要实现经济、社会、自然三方和谐发展，即保持更加全面的持续竞争优势的，其具体表现如图 3 –6 所示。

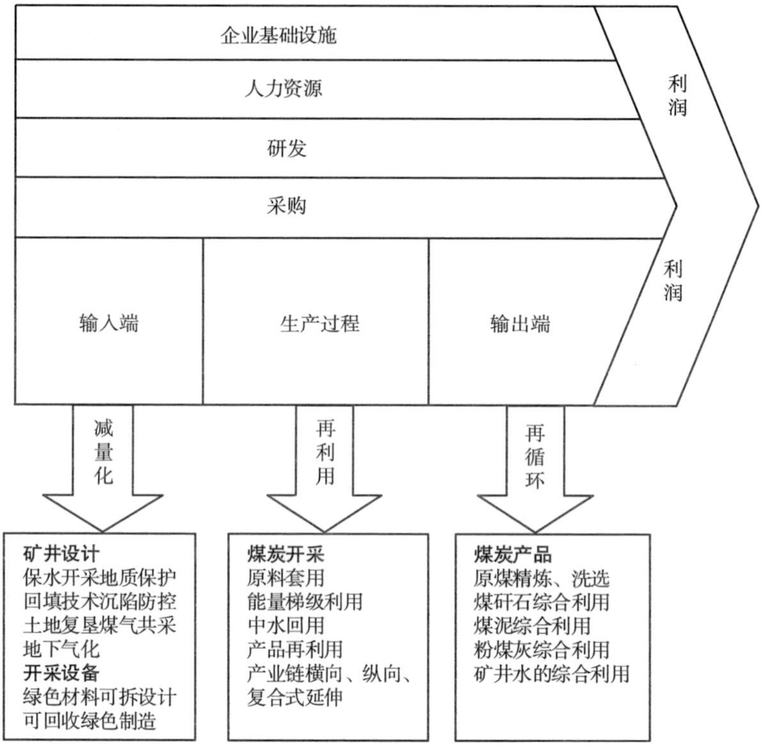

图3-6 绿色创新系统示意图

从绿色创新的过程性、战略性、复杂适应性、开放性、学习性等特征可以看出对绿色创新能力的研究具有复杂性、动态性、难以量化的问题，就需要研究者采取抽丝剥茧的方法，对绿色创新能力的概念进行层层分解、不断深入的剖析来揭示其实质：首先要明确“力”是对自然定律的一种拟人化的表达（蔡剑，2012）①，而能力则能使一个组织比其他组织做得更好（陈力田等，2012）②，因此不仅仅是一种资源转化为产出的过程，同时还是一种要素的组合，还是一种资源、技能、绩效之间的多重反馈机制（任宗强，2012）③，创新过程即是能力建立、提高和应用的过程，因此本书依据已

① 蔡剑．协同创新论［M］．北京：北京大学出版社，2012：6.

② 陈力田．赵晓庆，魏致善．企业创新能力的内涵及其演变：一个系统化的文献综述［J］．科技进步与对策，2012（7）：154-160.

③ 任宗强．基于创新网络协同提升企业创新能力的机制与规律研究［D］．杭州：浙江大学博士学位论文，2012：23-26.

有的绿色创新能力的研究结果（Tripsas，1997）① 将绿色创新能力定义为指企业根据外界环境变化而获取、整合、配置组织内外资源及知识扩散的多重反馈机制，以达到保护环境及未来资源并促进企业竞争力增长的持续发展能力。

从绿色创新能力定义的内涵可以看出：绿色创新能力培养、提升的目的在于实现环境与经济收益、企业当前利益与整个社会系统长远利益的均衡；对象是企业内外资源、知识等有形无形的独特要素；运行机制是对独特要素的获取（Acquisition）、整合（Integration）、配置（Allocation）、扩散（Diffusion）进行多重反馈，以使整个组织系统的负熵值不断增加，从而使企业获得持续竞争优势以及可持续发展。

（2）协同能力分析

目前中国企业协同创新的一个客观事实是创新效率低下，这是企业或者受社会资本、行业特性、合作关系等外部环境的影响，或者受内部组织资源约束而导致。要解决这一问题需要确定：协同能力究竟是什么，其构成要素有哪些。

协同能力理论的诞生是协同学与能力理论的结合，目前比较一致的意见是协同能力的定义受战略管理中联盟能力的启发（Kale，2002）②：促成、控制和管理联盟从而获得联盟收益的能力的启发，强调关系与内部治理（温珂等，2014）③，研究视角从模式转化为能力。邹志勇（2008）④ 将协同能力定义为一定环境下，通过管理活动进行资源的开发和协调以创造价值和实现竞争优势的某种才能。王小娟等（2015）⑤ 认为协同能力是企业获得各种优势资源的推动力，是协同各种关键要素从而促进创新实践的一种能力，并将协

---

① Tripsas. M. Unraveling the process of creative destruction：complementary assets and incumbent survival in the typesetter industry［J］. Research In Science & Technological Education，Special Issue，1997（18）：119－142.

② Kale. P，Dyer. J. H，Singh. H. Alliance capability，stock market response，and long－term alliance success：The role of the alliance function［J］. Strategic Management Journal，2002，23（8）：747－767.

③ 温珂，苏宏宇，周华东. 科研机构协同创新能力研究——基于中国101家公立研究院所的实证分析［J］. 科学学研究，2014（7）：1081－1089.

④ 邹志勇. 企业集团协同能力研究［D］. 大连：大连理工大学博士学位论文，2008：14.

⑤ 王小娟，万映红. 客户知识管理过程对服务产品开发绩效的作用——基于协同能力视角的案例研究［J］. 科学学研究，2015（2）：264－271.

同能力划分为吸收、协调、关系三个维度。从以上研究可以看出协同能力是指主体之间交流以及主体内部协调的互动过程中所表现出来的组织能力，其目的在于促进资源、信息、技术等要素在主体之间自由流动以实现企业的价值创造和竞争优势的获得。

3.3.3 协同绿色创新能力构成维度相互关系

根据协同学理论，系统内部子系统的运动均可分为独立运动和协同运动两种，独立运动表现为无序，协同运动表现为有序，因此任何运动都是有序与无序的对立统一，如果一个系统只有独立运动缺乏协同运动，就会失去运动能力，进入“热力学混沌”状态。煤炭企业的创新系统是一复杂开放系统，呈现出开放、远离平衡态、存在非线性相互作用等特征，如果只有独立运动、缺乏与外界进行物质、能量、信息的交换，那么无论其初始状态如何都将进入“热寂”，整个系统将崩溃，因此协同能力对绿色创新能力有较强的推动、促进作用。

从过程上分析，在煤炭企业协同绿色创新的“他组织”模式阶段，政府掌握和配置大部分创新资源，“计划”的特点突出，对于煤炭企业而言由于技术以及认知上的原因一般处在末端治理阶段，主要采取企业自主研发的“点式”以及企业与科研院所合作的“线式”模式，以技术为纽带着重于工业“三废”的治理，重点是提供清洁煤炭产品；在过程控制阶段主要是以企业与科研院所以及上下游企业的“桥梁式”模式，以技术与工艺协同为纽带着重于煤炭产品的清洁生产，重点是实现生产过程的节能减排、降低污染。在“自组织”模式阶段，由于组织具有不断适应环境变化的自我完善功能，自组织越强，系统发展和维持新功能的能力越强，因而表现在环保技术的发展、各种社会支持性组织服务能力加强，企业内部战略引导、职能管理能力提高等自组织动力加强，绿色创新模式进入了企业与行业内外关联企业、政府、科研院所、行业协会等各方的多要素全面协同阶段，在这个阶段企业的创新动力加强、各个创新主体间关系紧密、配套设施完善、资源配置合理、整个协同绿色创新系统呈现出协同能力与绿色创新能力相互促进，不断螺旋上升的趋势，如图 3 -7 所示。

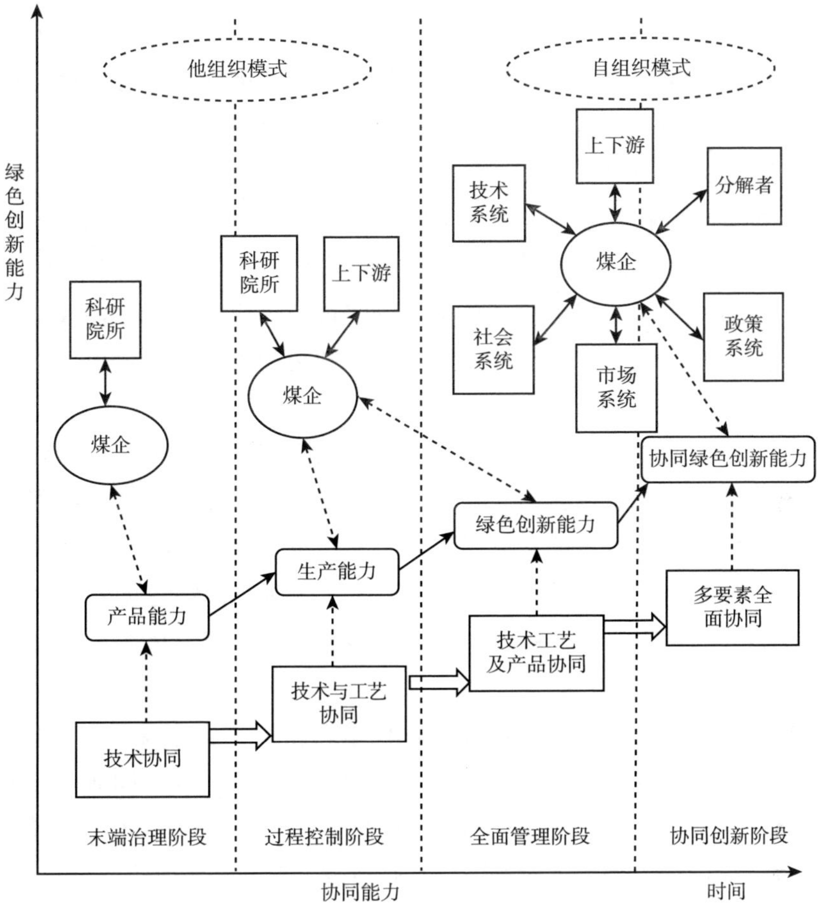

图 3-7　协同能力与绿色创新能力关系图

3.4　煤炭企业协同绿色创新能力绩效评价

由于煤炭企业目前所面临的困境使煤炭企业可持续发展的研究成为当务之急。一方面，在理论上重新对"煤炭企业是什么""煤炭企业的竞争优势从何而来""煤炭企业的核心竞争力究竟是什么"等本质问题进行思考。另一方面，煤炭企业经营过程中一个非常重要的任务是判断某种产品的市场形势与需求情况，综合考虑煤炭企业自身的资源与能力，将资源按照某一种分配原则分配给相应的产品项目，绿色产品一般来说市场占有率较低，但是有较高的市场增长率，因此煤炭企业会加大对此类产品项目的资源投入，相应的，在这一过程中资源的相对充裕以及创新实践的增加自然有效地促进了绿色创新能力的进一步提高。绿色创新能力及其溢出效应既是探求煤炭企业经济效益增长源泉的主要工具，又是确定增长质量、实现煤炭企业可持续发展的重要标准，它不仅体现了现阶段的竞争能力，也影响着未来的发展走势。煤炭企业的绿色创新能力通过煤炭企业在煤矿设计、煤炭产品的生产、贮藏、运输、销售过程中的流程优化、技术改进实现节约煤炭企业治污成本、获得相应的政府财政税收支持以及工业三废循环利用产生的附加价值，达到减少环境污染、提高煤炭企业经济效益的目的。

既然煤炭企业创新绩效是对煤炭企业在绿色创新活动中效果和效率的总体评价，因此煤炭企业创新绩效受绿色创新能力和协同能力的双向影响，决定了其构成既显示绿色特征又显示协同结果特征，即实现企业经济效益、社会效益、生态效益的“三赢”，因此对于煤炭企业协同绿色创新能力绩效评价指标的设定有关煤炭企业可持续发展、转型发展的研究成果可以提供一些有益的借鉴。

根据比较权威的煤炭采选业社会责任编写指南（孙孝文等，2014）[①] 中所列的议题，煤炭企业的社会责任可以分为市场绩效、社会绩效、环境绩效三个议题（见表 3 - 4）；赵国浩等（2008）[②] 从经济指标、生态环保指标、循环经济特征指标三个维度构建了煤炭企业发展循环经济效果评价指标体系；杨从印（2013）[③] 在典型文献研究的基础上提出了煤炭企业科学发展评价指标，将所有指标划分成为人的全面发展、经济发展水平、资源持续能力、环境控制水平、安全保障能力、管理创新能力六个维度；张喜武（2003）[④] 建立了矿区可持续发展程度的衡量体系，包括资源开发利用水平、环境保护、社会发展、经济发展的水平及其相互协调的水平这五项准则以及对应的指标

① 孙孝文，陈龙，王斌，等．中国企业社会责任报告编写指南之煤炭采选业［M］．北京：经济管理出版社，2014：23 - 25.

② 赵国浩，阎世春．煤炭工业可持续发展研究［M］．北京：经济管理出版社，2008：81 - 86.

③ 杨从印．煤炭企业科学发展评价系统研究［D］．武汉：中国地质大学博士学位论文，2013：60 - 61.

④ 张喜武．神东矿区可持续发展战略及其保障系统研究［D］．阜新：辽宁工程技术大学博士学位论文，2003：23 - 26.

体系；孙凌宇（2012）[①] 在资源型企业绿色转型成长绩效衡量的研究中设定了资源与环境绩效、经济绩效、商业绩效、社会绩效四个指标，四个指标体系虽然均在煤炭企业经营管理实践中经过了印证，多体系测量虽然具有全面客观的优点，但是体系之间互相干扰，不利于突出分析重点，因此本书中拟使用的煤炭企业协同绿色创新绩效衡量指标，在经过煤炭企业研究课题组成员的商议、评定后确定分为经济效益、生态效益、社会效益三个维度，既具有典型性，概括了煤炭企业协同绿色创新能力最基本的作用，同时也符合中国目前在经济转型期对煤炭企业发展的特殊要求。

表 3－4　　煤炭企业协同绿色创新能力绩效指标体系

<table>
<tr><th colspan="2">市场绩效</th><th colspan="2">环境绩效</th><th colspan="2">社会绩效</th></tr>
<tr><td rowspan="4">股东责任</td><td rowspan="2">股东权益保护</td><td rowspan="4">环境管理</td><td>环境管理体系</td><td rowspan="4">政府责任</td><td rowspan="2">守法合规</td></tr>
<tr><td>环保培训</td></tr>
<tr><td rowspan="2">财务效益</td><td>环境信息公开</td><td rowspan="2">政策相应</td></tr>
<tr><td>绿色办公</td></tr>
<tr><td rowspan="6">资源可持续开发</td><td rowspan="2">资源合理开发</td><td rowspan="6">节能减排</td><td>环保技术</td><td rowspan="6">员工责任</td><td>基本权益保护</td></tr>
<tr><td>能源管理利用</td><td>薪酬福利</td></tr>
<tr><td>科技创新</td><td>水资源管理</td><td>平等雇佣</td></tr>
<tr><td rowspan="3">价值链责任</td><td>循环经济</td><td>职业健康</td></tr>
<tr><td rowspan="2">“三废”排放</td><td>职业发展</td></tr>
<tr><td>关爱帮扶</td></tr>
<tr><td rowspan="7">产业链责任</td><td>客户责任</td><td rowspan="7">环境友好</td><td rowspan="4">生物多样性</td><td rowspan="4">安全生产</td><td>安全生产管理</td></tr>
<tr><td>责任采购</td><td>安全生产措施</td></tr>
<tr><td rowspan="5">行业发展</td><td>安全生产培训</td></tr>
<tr><td>安全生产绩效</td></tr>
<tr><td rowspan="3">生态环境保护</td><td rowspan="3">和谐矿区</td><td>责任采选</td></tr>
<tr><td>社会发展</td></tr>
<tr><td>社会公益</td></tr>
</table>

资料来源：根据孙孝文等（2014）②研究整理。

① 孙凌宇．资源型企业绿色转型成长研究［D］．长沙：中南大学博士学位论文，2012：138－140.

② 孙孝文，陈龙，王斌，等．中国企业社会责任报告编写指南之煤炭采选业［M］．北京：经济管理出版社，2014：23－25.

3.5 煤炭企业协同绿色创新能力系统分析

基于创新理论、能力理论、协同理论等理论基础，参考有关协同创新、绿色创新、煤炭企业可持续发展等研究成果，以及调研过程中对煤炭企业实际情况的考察，咨询山西省能源局、山西省煤炭交易中心等相关机构，建立了煤炭企业协同绿色创新能力概念模型来考察影响要素、协同绿色创新能力构成维度以及与煤炭企业协同绿色创新绩效之间的相互作用关系，如图3－8所示。

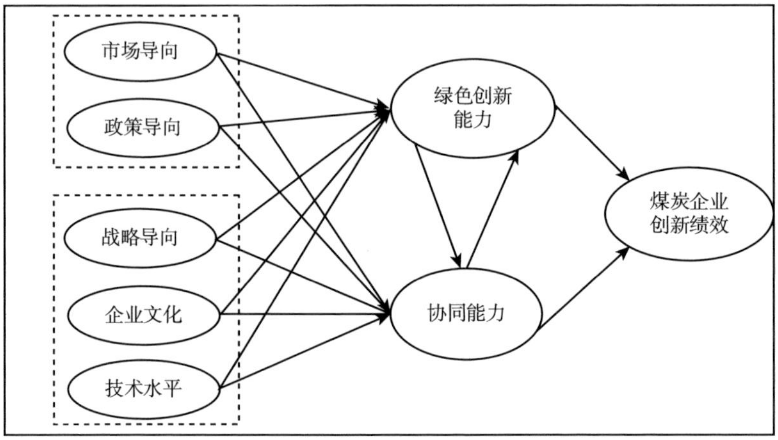

图3－8 协同绿色创新能力系统

3.5.1 市场导向与协同绿色创新能力

无论是企业界还是学术界市场导向是已经公认的决定企业经营绩效的重要因素，在市场营销领域，现代营销理论的核心是以消费者为中心，市场需求决定供给，企业按照消费者的需求组织产品的生产与销售；在战略管理领域市场导向表现为“环境—结构—战略”研究范式的确定，虽然学者们的研究方法与具体观点不尽相同，但其核心思想都表现在：企业战略的出发点是适应环境、企业战略的目标是提高市场占有率。非但如此，市场导向与企业创新的关系问题也越来越引起相关领域学者的关注，许多实证研究的结果表明市场导向可以促进企业创新（李巧华，2014）①、（Atuahenegima，1995）②。

市场需求是创新的诱因和归宿，当资源的约束使供给无法满足消费者的需求时，便产生了创新的动力和压力，市场导向驱使企业不断收集顾客以及竞争者的信息，通过组织内部的学习与扩散机制，获得竞争优势。但是如同战略管理理论的发展从外部环境转向企业内部的资源与核心能力，市场导向对企业绩效的作用机制也从仅仅研究经营行为转向了更为根本的市场导向对创新能力的作用机制：企业可以通过市场导向、创新以及核心能力的关系构建来实现企业经营绩效的提升，这些活动相互作用形成互为因果的关系（陈文沛，2013）③，例如于洪彦（2013）④ 在总结国内外已有研究的基础上得出创新在市场导向与企业绩效之间起中介作用；金露等（2009）⑤ 认为市场导向能够有效地促进企业绩效，但能直接作用于企业绩效的是创新能力，一方面市场信息通过创新能力转化为顾客需求，另一方面通过创新能力实现资源的有效配置。由于煤炭企业对煤炭市场发展趋势的分析、市场细分的开展并不重视，导致了当前市场迅速饱和、产能过剩问题的出现，虽然目前积极进行产业间的合纵连横，但是转型的领域依然是传统下游行业，例如化工、建材等，这些行业的市场竞争格局已经基本形成，受到该行业领先者的挤压，新项目经常陷于亏损的境地。因此面对这样的市场环境，创新能力的作用发挥应在内外双重选择的机制下进行：首先，创新是否能更好地适应煤炭市场的变化；其次，新市场的选择和适应是否能形成生产、转化、输配、利用、回收最优路径，降低终端能耗，实现煤炭能源梯级利用，能效大幅提升。

3.5.2 政策导向与协同绿色创新能力

2013 年 2 月 4 日国家发改委、能源局颁布了《煤炭产业政策》修订稿，

---

① 李巧华．生产型企业绿色创新：影响要素及绩效相关［D］．成都：西南财经大学博士学位论文，2014：56－57.

② Atuahene－Gima. K. Impact of market orientation on new product performance－A contingency approach［J］. Journal of Product Innovation Management，1995（4）：275－293.

③ 陈文沛．市场导向、创新与核心能力路径和机制［J］．中国科技论坛，2013（12）：24－30.

④ 于洪彦．双维度市场导向、创新与绩效［J］．税务与经济，2013，186（1）：1－8.

⑤ 金露，楼杨钇．市场导向提升中小企业创新能力的机制探讨［J］．管理工程学报（增刊），2009：29－34.

向全社会征询意见，在此修订稿中明确提出“控制东部地区煤炭开发强度，稳定中部地区煤炭生产规模，加强西部地区煤炭资源勘查开发”的思路。规划在神东、陕北、黄陇（陇东）、宁东基地有序建设大型现代化煤矿，重点建设一批千万吨级矿井群；晋北、晋中、晋东基地加快整合煤矿升级改造，适度新建大型现代化煤矿；冀中、鲁西、河南、两淮基地限制1000米以深新井建设；蒙东（东北）基地优先建设大型露天煤矿；云贵基地加快建设大中型煤矿，大力整合关闭小煤矿；新疆基地作为我国重要的能源战略后备基地，实行保护性开发。鼓励以现有大型煤炭企业为核心，打破地域、行业和所有制界限，以资源、资产为纽带，通过强强联合和兼并、重组中小型煤矿，发展大型煤炭企业集团。鼓励发展煤炭、电力、铁路、港口等一体化经营的具有国际竞争力的大型企业集团。鼓励大型煤炭企业参与电力、冶金、化工、建材、交通运输企业联营。

但是目前各产煤大省的地方政府对煤炭产量及GDP的追求与中央政府实行能源消费总量控制的思路存在一定矛盾。未来的政策总体趋向将会是“总量控制，加快推进资源整合，鼓励跨区域、跨行业、跨所有制兼并重组，具有资金、技术、规模、产业链优势的行业龙头企业将获得更多的政策支持，随着煤炭产能的不断集中，煤炭产品清洁化、绿色化的技术改造与提升成为可能”。根据陈启杰等（2010）[①] 的研究结果，政策导向是指企业根据政策指向转变经营方向、方式从而获得相应的经营绩效，在企业内部要经历信息生成、信息传播、行为调整三个过程。但在煤炭企业的具体经营管理过程中，虽然企业的开放性特征决定了煤炭企业不可避免的受到宏观政策的影响，但是企业对政策的解读、政策信息在企业内部的传递渠道、层级、范围，以及企业调整措施的最终效率与效果迥异。就本书的研究重点而言，由于环境问题的日趋严重以及国家产业结构调整，财政的直接投入、针对某些项目的贴息贷款、税收减免力度等政策都发生了转变和政策倾斜，面对这样的政策发展态势，煤炭企业重构和平衡价值链上各种推动和拉动要素，重新解读政策的导向作用：首先，从约束型的环境规制到引导型的组织、协调、服务政策，企业创新的主导逻辑也应从被动的末端治理，发展成为贯穿整个产品生命周期的绿色创新，绿色创新能力也从单一的绿色技术创新能力发展成为全方向、

① 陈启杰，江若尘，曹光明．“市场—政策”双重导向对农业企业绩效的影响机制研究——以泛长三角地区农业龙头企业为例［J］．南开管理评论，2010（5）：123－130.

多维度的复合能力（甄志勇等，2011）①。其次，针对宏观政策的这一变化趋势，绿色创新由单一产品、单一技术、单一工艺、单一过程改进或者增量创新向大规模定制、集成、整合的系统创新转变，由微观层面的战略、技术、组织、管理创新发展成为宏观层面的文化、结构、组织、制度、行为创新，形成企业—社会—环境协同创新系统，提升企业协同绿色创新能力。

3.5.3 战略导向与协同绿色创新能力

信息时代的企业战略依然要回归“满足客户需求”的商业本质，陈光（2005）② 将企业战略划分为领先者战略、跟随者战略、引进吸收战略、模仿战略、维持战略，分析以上五种战略与协同度的关系，总结出企业的战略定位越高，进攻性越强，企业创新的协同度越高，集成度越强；张妍等（2014）③ 将战略导向划分为顺序型、互补型、替代型三种，但不论是哪一种战略导向其目的都是为了实现持续竞争优势；尹润锋（2013）④ 将战略导向划分为客户导向、竞争导向、技术导向、未来导向四个维度，依据本书的逻辑顺序以及研究重点，将主要分析竞争态势这一维度对协同绿色创新能力的影响机制。Noble 等（2002）⑤ 在其研究中认为竞争导向的企业密切关注竞争者的动向，有利于竞争优势的获得、协同能力的提高，同时有利于提升行业壁垒和调整产业结构。对竞争者分析首先要从行业、市场两个方面确定谁是企业的竞争者、竞争者的竞争策略有哪些、竞争者的战略目标是什么、企业与竞争者相比有哪些优劣势。从行业竞争态势来看，目前煤炭企业面临核能、风能等其他可再生能源的竞争压力以及进口煤炭的冲击，进口煤炭的价格优势、清洁能源的环境优势使煤炭行业传统盈利模式难以为继，煤炭产品“化浊为清”“化黑为绿”的绿色创新能力成为解决目前困境的重要途径，例如

---

① 甄志勇，毕克新．制造业绿色创新与地方政府行为关联分析［J］．哈尔滨工程大学学报，2011（8）：1091－1097.

② 陈光．企业内部协同创新研究［D］．成都：西南交通大学博士学位论文，2005：84－87.

③ 张妍，魏江．战略导向国内外研究述评与未来展望［J］．中国科技论坛，2014（11）：139－143.

④ 尹润锋．战略导向、领导风格对协同创新绩效作用机理研究［J］．科技进步与对策，2013（5）：7－11.

⑤ Noble C H，Sinha R K，Kumar A. Market orientation and alternative strategic orientations：A longitudinal assessment of performance implications［J］. Journal of Marketing，2002（4）：25－39.

国能集团（原神华集团）的战略目标是建设世界一流的清洁能源供应商，基本内涵是“技术领先、管理先进、价值创造、创新驱动”；潞安集团坚持“高端化、低碳化、国际化”和“循环型、创新型、效益型”的“三化三型”发展，推进战略引领向价值引领转型、资源依赖型向创新驱动型转型、高碳能源向低碳利用转型的“三大转型”战略，以及诸如煤炭多联产系统等是煤气化、动力生产、燃料生产系统的集成，需要煤炭行业上下游企业之间以及其他相关组织的合作共同完成。

3.5.4 企业文化与协同绿色创新能力

企业文化对于企业绩效的重要作用，自然毋庸置疑，但是企业绩效的提升只是企业文化作用的外在表现，其实质是企业文化对于企业的相关能力尤其是创新能力作用的反映。关于企业文化对创新能力的影响机制，彭红霞等(2008)① 等对江苏省 103 家企业进行有效问卷调查的结果表明企业文化与创新能力呈正相关；陈锋（2009)② 的研究揭示了企业文化对创新能力提升的激励、协调机制，由于这一研究体系比较全面客观，因此本书拟按照两个角度判断企业文化对协同绿色创新能力的影响作用。首先，绿色企业文化是企业所有成员对节约资源、保护环境与本企业成长关系的看法和认识的总和，绿色企业文化“要求企业将供应链延长到消费者”（徐建中等，2006)③，对于煤炭企业而言表现为清洁煤炭产品生产优先、多能互补、用供一体的泛能理念，为煤炭产品消费者提供整体解决方案，将对煤炭资源的定义从资源转变为原料，这种认识上的转变促进企业员工积极进行生产技术、工艺、流程上的再思考、再设计，提高企业的绿色创新能力；其次，企业文化不仅仅协调企业内部各个部门员工的思想行为，同时相近或者相似的企业文化能够促使合作双方对创新的目标、方式方法有比较一致的认识，从而减少协同绿色创新过程中产生的协调成本，提高企业的协同绿色创新能力。

---

① 彭红霞，达庆利．企业文化、组织学习、创新管理对组织创新能力影响的实证研究［J］．管理学报，2008（5）：144－149.

② 陈锋．企业文化提升创新能力研究［J］．管理工程学报（增刊），2009：40－44.

③ 徐建中，邱尔卫．浅析绿色企业文化［J］．商业研究，2006（10）：205－206.

3.5.5 技术水平与协同绿色创新能力

对于煤炭企业而言，它的生产流程包括煤矿的设计、煤田的开发、煤炭开采、洗选、储存、运输、销售等多项环节，其中又以煤炭开采为核心环节①。经历了从爆破采煤—普通机械化采煤—综合机械化采煤等阶段在落煤、采煤、运煤各个环节上均有不同程度的提高。但是由于煤炭行业的特殊性，尤其是整个行业规模急剧扩大期间，企业专注于扩大生产，没有形成良好的技术创新氛围，同时也缺乏相应的激励、保障机制导致技术创新的动力以及能力得不到有效的发挥，尤其是企业高层受业绩考核的影响，普遍看重企业当前的经济效益，即使是对技术有所投入，也更加重视煤炭生产过程中的落、装、运等提高生产效率的采煤技术的创新，而对不能马上产生经济效益的例如绿色创新等技术的资源、资金上的投入，导致企业在获得持续竞争优势以及应对宏观环境的周期性变化能力的缺失。

本书对于煤炭企业技术水平发展的研究主要侧重两个方面：其一是绿色技术的发展，其二是信息技术的发展。从前文对技术水平的发展趋势以及发展阶段的阐述，可以看出闭环技术模式不是对已有的技术范式的简单修正，而是技术发展对企业能力作用方式、程度的再思考和再设计，绿色技术即是这种闭环技术模式的反映。衡孝庆等（2010）② 等在其研究综述中认为绿色技术是20世纪60—70年代工业化国家社会生态运动的产物，是节能、减排、降耗等技术、工艺、产品的总称。绿色技术的本质是技术的生态转向，是技术哲学的根本创新，其“绿色效能”的发挥是从技术语言到产业语言、从行业标准到行业规制、从自发到自觉的系统工程（衡孝庆等，2010）③，在绿色技术的推动下，不仅绿色人力资本的存量上升、创新效率提高，进而提升煤炭企业的绿色创新能力，同时绿色技术的独特性使其在使用、交换、交易过程中需要获得广泛的社会参与，提高了煤炭企业的协同能力。同时，信息技术的发展深刻改变了煤炭企业的经营环境。一般而言，市场机制下交易成本

---

① 刘雪琦．煤炭企业技术创新动力机制及能力评价研究［D］，武汉：中国矿业大学博士学位论文，2013：13.

②③ 衡孝庆，魏星梅，邹成效．绿色技术研究综述［J］．科技进步与对策，2010（7）：153－155.

的重要构成之一即是信息不对称，信息技术的发展使信息的搜索成本大幅降低，搜索范围迅速扩大，空间信息不对称得到缓解，信息共享和同步利用也解决了信息使用的排他性问题，信息技术直接作用于煤炭企业创新系统，并导致煤炭企业更快地了解市场的变化以及相应的市场主体链接方式的改变，价值链交错成价值网，即数字技术破除组织边界、消除中间环节，实现产用直接对接、智能优化匹配，生产者、消费者、运输者、分解者、协同主体之间形成多边互动的产业价值网络，最终推动煤炭企业绿色创新能力与协同能力的发展。

3.5.6 协同能力与绿色创新能力

前文所给出绿色创新能力的定义可以看出绿色创新能力是应对环境变化的动态多重反馈机制，即通过对在多个市场间的资源要素的价值评估、设计与组合，更高效地找到高绩效的组合模式，进而为组织发展提供持续推动力：与煤炭产品消费者协同及时了解市场动态，同时节省仓储费用；同科研院所协同进行技术创新；同政府协同获得政府对企业绿色创新的财政政策扶持；同社会组织协同获得必要的绿色技术人才、相应绿色创新项目的贷款等，各个协同伙伴互联互通、高效聚合，形成彼此共生共享、竞合发展的价值创造生态系统，因此煤炭企业的协同能力对绿色创新能力的提高起到了正向促进作用，例如国能集团公司“一体化运营一盘棋”，构建“稳定一体化、拓展一体化、超越一体化”生产运营大格局，煤电运化各产业紧密协作，产运销上下游高效联动，一体化装车、运输、销售，避免运输沿线污染、降低运输成本，全年煤电运化一体化产业利润贡献率75.8%①。

与之相对应的，绿色创新能力由于其独有的“协同进化”（王海峰等，2013）② 机制，因而也对协同能力存在正向影响作用。在煤炭企业内部，企业的战略管理、市场营销、人力资源等相关职能部门非线性的相互作用，具有自组织的特征，能够进行系统涨落的触发。在产业层面，在产业链的每一

① 国家能源集团有限责任公司企业管理与法律事务部．2019年社会责任报告［R］．北京：国家能源集团有限责任公司，2019：44.

② 王海峰，罗发友．企业绿色创新的演化机理及案例研究［J］．产业与科技论坛，2013（16）：115－118.

个节点上大的技术、资源、资金发生了变化都会引起相邻节点的创新和进步。组织的学习机制、知识的扩散效应都促进了产业链上各个节点之间的协同进化。在宏观层面，由于绿色创新的“双重外部性”特征，煤炭企业的绿色价值观与社会的价值推崇相吻合，改变煤炭企业“黑、污、浊”的企业形象与“高污染、高能耗”的产品形象；企业追求“政策收益”的绿色战略与政府相关部门的扶持政策相映照，实现煤炭企业成本的降低与获得相应项目资金支持；煤炭企业生产绿色产品满足煤炭产品最终用户之间的源于政策规制的绿色需求，在与清洁能源以及进口煤炭产品的竞争中赢得竞争优势，早日实现“资源、资产、资金、资本”的“四资”转换，尽快摆脱目前的市场困局。

3.5.7 协同绿色创新能力与创新绩效

根据能力学派的观点，企业的内部动因相较于企业的外部动因更为关键，即企业的资源、知识的积累及其运行机制是企业获得超额收益、保持竞争优势的关键。创新是企业获得竞争优势、提升绩效的重要源泉（谢洪明等，2007）[①]，同理，企业的创新能力也是创新绩效实现的关键。

首先，如果缺少协同能力，组织创新处于一种封闭的状态，将失去对环境变化的敏感性。协同能力体现了组织的架构性，即组织依据已有的资源、知识运用大数据、云计算、物联网、人工智能、区块链等数字技术的开放性对机会快速评估，为机会的利用提供信息支撑并且促使煤炭企业在此过程中与协同伙伴共创价值，构建协同网络去争夺稀缺资源，扩大组织生存空间，又反向深化组织与其他创新主体之间的协同关系，促进创新主体共生、创新系统快速更迭及以煤炭企业为中心的协同绿色创新星团的产生和聚集。

其次，如果缺少绿色创新能力，企业内外将不能动态地相互渗透、联结和作用整合成新的能力结构：绿色文化匮乏，管理层没有对绿色创新形成统一的战略认知，符合绿色创新活动的组织机构及其相应的制度设计亟待完善，“固、液、气”三种形态的煤炭产品形成“资源竖井”，相应生产阶段成为“设施孤岛”，因此其生产流程所需能耗不能合理运筹，所产生的污染不能进

① 谢洪明，罗惠玲，王成等. 学习、创新与核心能力：机制和路径［J］. 经济研究，2007（2）：59－70.

行系统控制，排污成本居高不下，导致市场资源错配、难以满足消费者对于清洁煤炭产品的需求并获得相应的政策、资金支持，降低了整个产业链的运行效率。

实践中基于以上协同能力与绿色创新能力之间的相辅相成的作用机制，以中国矿业大学牵头，国能集团（原神华集团）、中国中煤能源集团有限责任等大型煤炭企业协同，中国煤炭科工集团、辽宁工程技术大学等科研院所提供相应技术支持成立煤炭安全绿色开采协同创新中心，旨在协助煤炭企业共同攻关重大共性关键技术，培养采矿工程技术人员：依据煤炭产品市场需求，围绕传统技术改造，攻克煤炭资源勘探、深井建设与开采、煤矿灾害治理、煤炭绿色加工、矿山生态修复等煤炭行业共性关键技术；依据煤炭行业远景战略目标，突破煤炭无人化开采、煤炭地下气化、感知矿山技术、CO_2捕捉与封存等煤炭行业未来技术瓶颈。

综上所述，煤炭企业协同绿色创新系统中存在着许多控制参量，主导“参量”决定着系统的有序结构和类型及演化方向，协同绿色创新能力由于其“元件”与“架构”，即“绿色”与“协同”的双元特征，自然是序参量的表征，是最为重要的驱动因素决定了煤炭企业的创新绩效。

4 煤炭企业协同绿色创新能力提升

不同的煤炭企业其实施绿色创新的主导逻辑、运行机制、方式方法迥异，不同煤炭企业的协同程度也有强弱之分，协同能力与绿色创新能力之间的相互作用程度也不尽相同，这就决定了煤炭企业协同绿色创新能力亦有高低之分，因此如何提升煤炭企业协同绿色创新能力，既是前文对于煤炭企业协同绿色创新影响要素、构成维度、创新绩效研究的逻辑延续，同时也是对协同绿色创新能力研究的实践应用和政策建议。

4.1 煤炭企业协同绿色创新能力提升逻辑基础

4.1.1 协同绿色创新能力的基础性

协同绿色创新能力的基础性首先表现为其生成性，重要的不是物质的空间运动，而是信息和能量的跨层次传送和转换，因此其驱动因素必然具有突现性、多层次性、不可分性和不可还原性的特征，并保证各个创新主体通过自组织形成超循环（Hypercycle），并实现内在的价值选择，能够产生此类作用的必然是协同绿色创新能力。其次，在煤炭企业协同绿色创新能力是一个异质性资源（Heterogeneous Resource）的结合体，这种异质性是由煤炭企业在长期的市场竞争中积累起来的知识和创新能力所决定的，同时这种异质性使企业整体价值获得一种“市场溢价”，因此协同绿色创新能力决定了能力提升的方向性。最后，协同绿色创新模式不仅仅是构建一个把资本、资源、有形资产进行组合，按一定规则相互联系的复杂模式，更重要的是要使协同绿色创新模式具有一种独特的驱动力——绿色创新能力，成为一个“活的”组织（Living Organization）。因此协同绿色创新能力决定了提升的必然性。

煤炭企业协同绿色创新能力的两个基本构成维度：绿色创新能力与协同能力分别表征了协同绿色创新模式的运行与结构，是左右系统发展的内在动力，为系统内部结构调整和功能的完备提供推动力，如果说政策规制、市场引导、技术进步等外部动力触发系统的启动和运转，内在动力则相当于电源，保障协同绿色创新模式的结构和行为向着既定方向有序运动，换句话说，协同绿色创新能力的不断提升，反过来也会促进协同绿色创新模式不断优化，运行机制的良性高效。

4.1.2 协同绿色创新能力提升的逻辑

协同绿色创新能力提升的过程是其关键要素依照某种路径不断演化以实现既定目标的过程，因此对协同绿色创新能力提升进行系统研究主要关注提升关键要素及其关系、提升路径、演化过程三部分的内容。而企业的经营管理实践是学术研究的出发点和落足点，因此前文对煤炭企业协同绿色创新能力的系统研究是能力提升研究的基础。高德华等（2013）[①] 基于ERA（环境—规则—主体）体系架构认为企业的战略、文化、技术等构成单元能力体，单元能力体与外界环境之间在特定规则集的作用下聚合成企业能力体这一相对比较稳定的结构。从这一观点可以看出煤炭企业协同绿色创新能力存在于企业战略的制定与执行、企业文化传承、企业技术研发、企业与外界各个创新主体进行沟通、协调的关系建立和活动当中，具有复杂、动态的性质，同时能力这种相对稳定的结构也不会一成不变，因为由环境和单元能力体所形成的企业能力体具有“适应性”的特征，会随着外界环境的变化和企业经营管理活动不断地发展即依照某种路径实现能力提升，如图4-1所示。

依据能力理论的研究成果，以及前文对煤炭企业协同绿色创新能力的分析结果可以得出影响因素分为内外两个维度，其中外部影响要素由市场与政策决定，内部影响要素由战略、企业文化、技术决定，通过前文影响要素与煤炭企业协同绿色创新能力的关系论证可以揭示其对于煤炭企业协同绿色创新能力形成和发展的重要性，因此上述要素可以推断为煤炭企业协同绿色创新能力提升的内外关键要素。

当前能力提升路径的研究一般可以分为内生性能力提升、外生性能力提升以及内外动力耦合性提升（潘宏亮，2014）[②]。对于煤炭企业协同绿色创新能力提升的路径亦是如此，即是否以煤炭企业为主导、以外界创新资源为主导，还是在特定的情况下煤炭企业与外界的协同主体均有较强的协同创新意识与条件，依照内外动力耦合的路径提升协同绿色创新能力。从前文对协同

---

① 高德华，邓修权，白冰．复杂动态环境下的企业能力系统研究：一个基于主体的仿真分析框架［J］．系统科学学报，2013（5）：78-81.

② 潘宏亮．协同创新驱动中小企业升级的机理与路径研究［J］．河南师范大学学报（哲学社会科学版），2014（9）：86-90.

绿色创新能力各维度的界定可以看出绿色创新能力强调企业的自主创新能力，而协同创新能力则强调企业间的合作与交流，通过前文的逻辑推导得出二者之间存在着互动互应的关系，即协同绿色创新能力是绿色创新能力的内在驱动与协同能力外在支持相互耦合的结果，因此煤炭企业协同绿色创新能力的提升应采取内外动力耦合的提升路径。

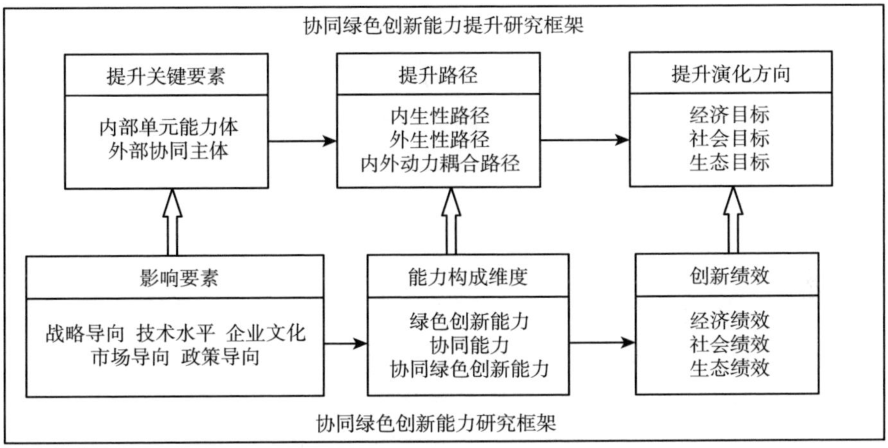

图4－1　协同绿色创新能力系统与能力提升逻辑关系

如果说对协同绿色创新能力维度的分析确定了能力提升的路径，那么对协同绿色创新绩效的分析则决定了协同绿色创新能力提升演化的目标。协同绿色创新能力的提升与生态系统发展相似，亦是外部环境与内部资源相互作用的结果，表现出非线性、动态、复杂的趋势，这一演化过程具有一定的演化方向性，基于前文对煤炭企业协同绿色创新绩效的判定标准及其作用可以推断出能力提升演化的最终目的是实现企业经济、社会、生态效益的和谐发展。

4.2　煤炭企业协同绿色创新能力提升的关键要素及其关联机理

高德华等（2013）[①] 将企业能力系统划分为单元能力体、企业能力体以

① 高德华，邓修权，白冰．复杂动态环境下的企业能力系统研究：一个基于主体的仿真分析框架［J］．系统科学学报，2013（5）：78－81.

及外界环境三个组成部分，因此能力提升的关键要素也可分为关键外部协同主体与关键内部单元能力体。协同绿色创新能力提升是一从低级到高级、从简单到复杂、外部协同主体与内部单元能力体共同作用最终形成有机整体和能力网络的演化过程。

4.2.1 关键外部协同主体

依据对协同绿色创新能力影响要素的分析可以看出，政策与市场要素对煤炭企业协同绿色创新能力影响较大，本书将对这两个要素的形式主体进行详细分析：所有发生产权转移的关系都可以称之为市场，对于市场要素不仅仅要分析行业内供给者、运输者、消费者与煤炭企业的关系，由于绿色创新的特殊性还要将处理工业“三废”的分解者纳入分析范围，宏观环境中不仅仅要考量市场驱动体系中的竞争者与替代者，还需要考虑与煤炭企业进行技术交易的技术驱动体系以及社会辅助体系中的非政策性金融中介、劳动力中介。对于政策要素除了要分析政府各部门行为，仍需要考虑行业协会、政策性银行等非营利组织，本书为了研究的便利将市场主体和政策主体细分为：煤炭行业内的供给者、运输者、使用者、分解者；行业外市场驱动体系、政策引导体系、技术支持体系、社会辅助体系。

(1) 提供者

提供者是指在协同绿色创新能力提升系统中为煤炭企业提供原材料、采矿机械设备的供应商。协同创新着眼于煤炭企业的整个运作流程，力求在供应链的每一个环节有效利用包括煤炭资源在内的各类资源，减少环境污染，同时降低各类运营成本，提高经济效益，因此时间跨度上绿色创新关注的是整个产品生命周期，空间跨度上关注得是整个供应链，而煤炭企业要实现绿色创新绩效，就需要在源头上选择绿色材料与绿色机械设备。第一，选择能源利用率高、品质高、技术含量高、性价比高的绿色原材料供应商，使产品实现环境友好性的预期功能。第二，煤炭开采设备价值高、体积大、耗能高、污染严重，因此在对机械设备的选择过程中要考察其构件是否具有环境友好性、是否可拆卸、是否具有可回收性，尤其重要的是煤矿机械大部分在井下工作，近年来大部分矿井事故都是由于设备故障造成的（王昱，2012）[①]，因此煤矿设备的安全保护功能在采购标准当中显得尤为重要。为了实现以上的采购目的，就需要煤炭企业与供应商采取协同采购，实行采购过程的网络化、信息化：即实现需求、库存安全水平、原煤生产计划等信息共享，供应商可以根据物流信息系统及时响应，采取柔性化的生产方式，从大批量、单一化生产逐渐转化为小批量、多品种生产，制造系统实现快速重构，以最小成本、最短时间适应煤炭企业面对复杂开采环境的采购需求。

（2）运输者

运输者由物流企业和运输企业组成，对生产者、消费者、分解者的产品进行传递和输送（卞丽丽，2011）[②]，这里指集煤炭产品仓储、物流为一体的专业煤炭运输独立核算企业。运输者在整个协同绿色创新系统中起着联系生产者与销售者的关键作用，尤其重要的是中国煤炭资源的产需是逆向分布，生产集中在中西部地区的内蒙古、山西、陕西、新疆等省（区），而需求却集中在江苏、浙江等东部经济发达地区，因而煤炭运输路线长，路况复杂，煤炭产品一般是大宗散货，在运输过程中会在沿途造成抛洒，对沿途的土壤、植被、水源等造成污染，尤其在煤炭消费旺季，东南沿海普遍存在供给偏紧情况，加大了煤炭运输压力。从运输方式上来看，华东以及东南沿海地区大部分煤炭通过“三西”地区外运至北方七港，然后再由水路运输至沿海沿江各省，而另一煤炭主要消费地京津冀地区煤炭产量有限，主要通过铁路调入煤炭满足区域内需求，因而煤炭运输路线长，路况复杂，而我国物流行业发展的无序、盲目无形之中又提高了煤炭企业的经营成本，因此对于煤炭运销企业需要对煤炭皮带、公路、铁路、水路四种运输方式各自的运量以及运输路线进行合理统筹优化：一般而言煤炭100公里内靠皮带运输，300公里内靠公路运输，超过500公里靠铁路运输，我国的皮带运输发展落后，不能在短途运输领域为运输系统提供助力；尤其在当前，煤炭需求减弱，煤炭市场总量宽松、结构性过剩，煤价下跌转嫁到煤炭物流的空间越来越小，公路运价已几无再降可能。大部分煤炭贸易商选择了相对成本较低的铁路运输组织发运，公路外运量明显减少形势严峻，因此要形成公路运输的集约化发展；

① 王昱．浅谈煤矿机械的绿色设计及制造［J］，能源科技，2012（14）：276.

② 卞丽丽．循环型煤炭矿区发展机制及能值评估［D］．徐州：中国矿业大学博士学位论文，2011：114－115.

而铁路运输是煤炭运输主要形式，铁路的煤炭运输量占全国煤炭运输量的70%以上，我国跨省区煤炭调运量约占煤炭消耗总量的1/3，形成了若干从北向南、由西向东的运煤铁路大通道，所以铁路运输部门应沿运煤大通道建立储配煤场，把新疆、陕西、内蒙古的煤炭进行储配、加工；对于水路而言，山西、内蒙古、陕西、山东的煤炭主要通过天津、秦皇岛、黄骅港、日照等港口发运；此外内河也是煤炭调运的重要方式，加快沿海以及内河港口煤炭码头的建设、推动煤炭公水联运、公铁联运，建立公水、公铁联运长效机制，做好公路集运，为铁路运输创造条件，建立承运人、托运人双方长期稳定的协作关系是协同绿色创新模式建立的必要条件。

（3）使用者

使用者指不直接生产“物质化”产品，但利用生产者提供的产品，供自身运行发展，同时产生生产力和服务功能的行业（卞丽丽，2011）①。煤炭行业的消费者主要集中在电力、钢铁、煤化工、建材以及从事煤炭深加工、消费的行业直接消费者。从消费者的煤炭使用情况上来看，由于工业企业锅炉燃烧不充分，气体处理不完善等原因，工业企业排放物对雾霾天气的影响度超过20%，国家对环境的规制程度日益加强，用煤大户优先选用经过严格洗选、合理配煤的含硫分、灰分较低的煤炭产品，以此来保证输入端的绿色环保，同时以上煤炭产品的主要消费者由于其在国民经济发展中所发挥的重要作用而具有投资规模大、企业规模大、国家支持力度大的“三大”特征，有较强的购买能力和议价能力，因此煤炭企业近年来积极发展适应用户绿色要求的煤炭产品，如兰州煤炭集团研发的新型清洁环保煤具有热点高、起火快、成本低、低灰粉、低含硫、节能清洁的特性，有效解决了传统煤炭在燃烧中残余煤核的难题，与无烟煤相比成本降低了25%以上，由此可见，煤炭企业要想在市场竞争的压力下生存，就不得不面对竞争者的压力以及消费者偏好的改变，积极进行绿色创新，促进企业技术进步、优化产品结构、运用各类科技和管理创新措施，推进煤炭产业绿色化从煤炭生产环节、洗选加工环节到煤炭消费环节的变革。

（4）分解者

分解者是把工业企业产生的副产品和废物进行处置、转化、再利用的企

---

① 卞丽丽．循环型煤炭矿区发展机制及能值评估［D］．徐州：中国矿业大学博士学位论文，2011：114－115.

业（卞丽丽，2011）[①]。本书指的是在煤炭产品生产的过程中对各个环节所产生出的废料以及伴生资源进行再利用、再循环的企业，分解者之间亦存在着竞争、协作的关系。由于加工技术及工艺的不断向前发展，煤炭产品产生的固、液、气等工业“三废”以及伴生、共生的综合利用为矿区产业结构调整以及煤炭资源的综合整治提供了契机：煤矸石具有很高的再生利用价值，可作为农业用化肥、建筑材料、化工材料、塌陷区填充物、发电等；煤泥是低热值的燃料亦可作为建筑材料及工业填料；粉煤灰用于建筑材料替代国家禁止使用的实心粘土砖；矿井水经过混凝、沉淀、过滤、消毒后可作为工业用水，部分矿井水经过严格处理后亦可作为矿区生活用水处理，对于采矿用地则进行“宜农则农，宜林则林、宜牧则牧、宜建则建”的土地复垦。此外我国煤层中的共生、伴生矿产种类繁多、资源丰富、分布广泛：有高岭土、耐火黏土、铝土矿、膨润土、硅藻土、石膏、硬石膏、石墨、石英砂岩、油页岩等，以及镓、锗、铀、钍、钒、钕等微量元素和稀土矿等，伴生矿一般与煤炭资源在同一历史年代沉积而成，或者作为顶板与底板，或者在煤层中间，即使是单独成层也距离煤层较近，对伴生矿的开发利用，既可以充分利用矿产资源，节省投资，同时可以延长煤矿的服务年限，既增加产值又提高效益，能够形成新的共生源。由此可见，分解者在整个协同绿色创新系统中承担着分解废弃物，实现系统中物质循环再生、环境缓冲自净、生态环境自我修复的功能。

（5）政策引导体系

“政府职能是指国家行政机关，依法对国家和社会公共事务进行管理时应承担的职责和所具有的功能，包括政治职能、经济职能、文化职能和社会职能（刘伟，2011）[②]”。煤炭产品生产主要涉及的资源及环境问题，客观上要求政府采取一定的环境规制以实现煤炭企业生产经济、社会、环境的“三赢”：“规制，也称为政府管制或调控，是由具有法律地位、相对独立的政府管理部门为矫正和改善市场机制内在问题而对微观经济活动强制执行的某种干预、限制或约束行为。”规制也称管制一般可以分为三类，第一类是价格、产权、合同等的直接的经济管制；第二类是包括生产工艺、产品特性、废弃

---

① 卞丽丽．循环型煤炭矿区发展机制及能值评估［D］．徐州：中国矿业大学博士学位论文，2011：114－115.

② 刘伟．我国煤炭流通环节治理型管控模式及运行机制研究［D］．徐州：中国矿业大学博士学位论文，2011：62－70.

物排放等对管理者决策影响的规制；第三类是对消费者购买行为偏好规制（赵细康，2006）[①]。通过以上的环境规制工具，政府可以实现传递信号表达承诺的目的，对企业的经营领域、投资重点、研发目标起到引导方向，提升动力的作用，即借助各种政治、社会力量实现煤炭资源的合理配置，使煤炭企业的发展与国家环境经济工作的重点相吻合，政府的这种引导职能“建立在煤炭市场发育成熟的基础之上，是政府经济职能从对社会和经济主体的直接干预到把握经济发展战略的转变”（刘伟，2011）[②]。第二，“政府为了实现可持续发展，需要个人、商业组织、公民组织、政党组织、利益团体、其他政府机构等与社会中多元的独立行为要素，在一定集体行为规则基础上，通过划拨土地、提供绿色创新项目资金等方式进行多方协同，体现了政府在协同绿色创新模式中的合作职能。第三，在煤炭企业协同绿色创新模式中，政府着力于强化社会管理以及完善公共服务体系，例如道路、管网等基础设施建设，同时将部分职能转移给行业协会以及煤炭交易平台等盈利与非盈利中介组织以减少对微观经济运行的影响（刘伟，2011）[③]。第四，通过产品标准、产品禁令、市场准入、技术规范、排放绩效标准等环保规制政策直接对破坏环境以及资源损害进行有效监督和惩处，是政府在协同绿色创新模式中所执行的监督职能，以确保协同绿色创新各个主体在环境法规约束的情况下运行。

（6）社会辅助体系

由于存在政府失灵和市场失灵的情况，因此社会主体在政府和经济主体之间发挥着中介功能，“中介一般是指处于不同事物以及同一事物内部不同要素之间起联系作用的环节”（刘伟，2011）[④]。中介机构可以分为营利组织与非营利组织两种，对于煤炭市场而言，行业协会属于非营利组织而煤炭交易市场、各种金融中介以及人力资源市场则属于营利性中介。其中煤炭行业协会参与政府相关煤炭行业政策、法律法规的制定，在政府以及煤炭市场之间搭建桥梁，及时向政府反映煤炭市场需求的变化以及向煤炭行业体系内的各个主体解析政策含义，辅助整个产业系统平稳健康发展。煤炭交易市场体现了市场中介的特征和功能，首先为市场主体提供固定的交易场所；其次可

---

① 赵细康．引导绿色创新——技术创新导向的环境政策研究［M］．北京：经济科学出版社，2006：80.

②③④ 刘伟．我国煤炭流通环节治理型管控模式及运行机制研究［D］．徐州：中国矿业大学博士学位论文，2011：62－70.

以用现代化的交易模式及竞价方法发现煤炭价格；再次通过其第三方服务有效地对市场主体进行规范；最后煤炭交易市场也是政府与主体之间的中介组织，自然也承担着对微观环境进行管控的任务。金融机构承担着为煤炭企业提供融资服务的责任，由于煤炭企业规模大，生产环节众多，尤其是煤炭企业目前所处的特殊时期，因而决定了煤炭企业对资金的硬性需求较高，而煤炭企业的融资渠道比较狭窄，目前以银行贷款为主，现在由于受国家有关货币政策的影响，银行在减少了放贷额度的同时，还增加了贷款利率上调和存款比例等众多的限制性条件，给煤炭企业造成了较为沉重的财务费用负担，再加上国家对煤炭行业的调控，增加了对煤炭企业贷款的限制性条件，因此煤炭企业要想走出目前所处的困境，除了银行还需要扩大融资渠道，解决目前煤炭企业所遭遇的“资金瓶颈”问题。煤炭企业由于其工作环境恶劣，危险性高，廉价劳动力的大量吸纳，高素质高技能人才引进匮乏，煤炭行业人力资源面临的困境严重影响到煤矿的安全生产，科研成果转化的催化剂和辐射源的作用亦不能显现，需要与集教学、科研、开发、中试、质检、培训和技术示范、推广、服务于一体的各类优质中介加强合作，搭建人才选、育、用、评、留的“高速公路”。

（7）技术支持体系

技术支持体系包括传统为煤炭企业提供技术支持的高校和科研机构，还包括近10多年发展迅速的技术咨询、服务平台。煤炭企业绿色创新不仅要解决投入阶段的减量化，生产过程中减少污染物的排放，输出阶段对工业“三废”以及伴生矿物的循环利用，更要实现绿色创新的经济效益，避免“叫好不叫座”现象的产生，需要科研院所协助进行技术创新，降低开发应用新技术的成本，减少创新投入，实现经济效益，提高企业实行绿色创新的动力。煤炭企业的这种需求决定了科研院所不仅为煤炭企业提供专业技术人才，同时也是协助煤炭企业进行相应技术开发、科学研究的重要基地。这是由于科研院所承担了解决技术难题的重要职责，例如塔山集团在中国矿业大学、中煤科工集团、中国煤炭工业协会等机构的协助下解决世界性技术难题——特厚煤层的开采，这意味着中国成功研制600万吨综采成套设备以后，千万吨矿井和千万吨工作面成套技术装备研发进入了示范实施阶段①，充分发挥了

① 阎志强，李德忠．同煤破解世界性煤炭开采难题［N］．中国能源报，北京：2014－12－01（011）．

科研院所从企业的需求出发，协助企业解决重大关键性技术问题的作用。

技术支持体系的另外一个重要主体：技术创新服务、咨询机构与煤炭企业搭建科技与技术创新平台，支持煤炭行业技术创新。这是由于互联网技术的普及以及服务行业的发展，因而技术服务中介机构近几年来发展比较迅速，主要的职能范围也比科研院所更为广泛：通过与高校的合作整合优势教学资源，为企业培训以及创新主体之间的人才多向交流提供条件；对煤炭行业已有的成熟技术和科研成果进行推广以及产业化；联合其他中介机构以及科研院所、核心煤炭企业进行煤炭行业共性技术研发、关键科技项目的攻关；利用中介机构的特性，系统集成各类要素，为煤炭企业提供设计、检测、信息咨询、标准设定等技术服务咨询。技术支持体系的各个构成主体为煤炭企业绿色创新的关键、前瞻性技术研发、实施乃至成为行业示范性技术提供了技术支持。

（8）市场驱动体系

市场驱动体系的作用是煤炭企业实施协同绿色创新的重要拉力，为了有别于行业内使用者，这里主要分析替代者、竞争者的生产与销售。任何行业、任何企业的创新动力均来自市场需求，中国煤炭产业是分散型产业，存在一定程度的过度竞争。分散的市场结构和过度竞争严重制约了煤炭产业的发展，造成了有限资源的巨大浪费。“高度分散、低级竞争”的煤炭市场格局成为制约业内企业发展的重要外部性障碍。煤炭市场的影响因素主要有以下几方面：首先从消费者的构成来看，近几年来由于国家产业政策的调整，各个行业的集中化程度都有不同程度的提高，这些行业中的大型企业其用煤量占该地区用煤量的80%以上，并且需求比较稳定。因此对煤炭销售主体的分析应着力于大客户的购买分析。

首先，大客户消费者因为其购买数量巨大因此在购买过程中具有比较大的讨价还价能力，例如近几年来煤电合同的签订越来越困难，即由于劳动力成本、运输成本的不断上升，所以现行的电煤利润不能弥补企业成本，电煤涨价的压力增大，与之相对应的却是发电企业和电网企业由于终端电价受到政府政策规制不能将成本上升的压力转移给终端消费者，双方矛盾不断加深。同时，由于这些行业客户消费者自身煤炭消耗量巨大，因此不少用户纵向延伸产业链，购买煤矿直接进行原煤开采满足自身煤炭消费。再从煤炭产品自身的特性来看属于同质商品，产品差别不大，因此购买商有较大的选择范围，转换成本较低，增加了购买商的讨价还价能力。煤炭企业应与大客户进行市场价格、市场交易、市场风险的积极沟通，对煤炭产品生产、销售的数量、品种进行合理的统筹安排，以销定产，避免产能的盲目扩张与浪费。

其次，从竞争者与替代者的影响而言，天然气、风能、太阳能、页岩气等新型清洁能源在我国的全面推广尚需要一段时日，进口煤对市场的冲击也主要集中在低端市场，但是这些竞争者对煤炭市场的压力却使煤炭企业不得不加大煤炭的洗选力度，增加清洁煤的产量和整个产品种类中的比重，加快煤炭产品的绿色化，绿色消费成为市场导向对煤炭企业协同绿色创新能力发展的推力。近几年来清洁能源由于其自身的特性以及相应的政策扶持，因此对煤炭产品形成了一定程度上的替代效应，清洁能源的替代作用虽然受区域经济发展不平衡、能源生产中心和消费中心逆向分布等诸多因素的影响（中国行业咨询网，2013）①，目前对煤炭行业的影响局限在一定区域内，但从行业发展的长期趋势来看，其影响却不容小觑。例如为了进一步控制京津冀地区的雾霾，国家能源局与国能集团（原神华集团）以及河北省政府共同签订的《散煤清洁化治理协议》，通过在供给侧落实优质清洁煤的供给，在运输环节建立优质煤配送中心等措施，预计在2017年年底，优质低硫散煤、洁净型煤在民用燃煤中的使用比例将达到90%以上（国家能源局网，2015）②。

最后，从竞争者角度分析，由于国际煤炭价格持续走低、需求减少供给增加、国际海运费持续低价位都促进了进口煤炭数量从2012年起持续上升，进口煤种主要有无烟煤、炼焦煤、其他烟煤、褐煤等，虽然这些煤种经常出现全水分、内水分、粒度、硫分以及发热量等指标不合格的情况，但是由于其价低、量大依然挤压了一部分国内市场，面对这种竞争态势，煤炭企业优化物流系统保证终端价格的竞争实力，尤其针对进口煤炭质量水平不够稳定以及运输、销售环节多的弱势，与进口煤消费者建立长期协作关系，及时响应消费者的需求，通过新技术降低生产成本，提高煤炭产品质量，利用本土优势优化售后服务，通过协同绿色创新能力增强煤炭企业的核心竞争力。

---

① 中国行业咨询网．2013年中国清洁能源发展面临的问题浅析［DB/OL］．http：//www. china-consulting. cn/news/20140220/s94684. html，2015-12-14.

② 国家能源局．国家能源局与京津冀三省市及相关能源企业签订散煤清洁化治理协议［DB/OL］．http：//www. nea. gov. cn/2014-06/06/c_133387059. htm，2015-12-14.

4.2.2 关键外部协同主体间关联机理

煤炭企业协同绿色创新能力的提升是在企业外部压力与企业内部推力共同作用下，解决煤炭企业目前所面临的共性以及关键问题，打破各种界面壁垒以实现信息、技术、资金、资源在各个主体之间自由流动，运用各个主体间利益和风险的合理分配机制，实现整个系统的效益最大化过程。

（1）宏观层面

煤炭行业体系、政府、科研院所、中介组织、市场构成了进行协同绿色创新的主体，在整个系统中发挥各自的优势作用。其中，市场是协同绿色创新的动力源，也是协同绿色创新绩效实现的场所；政府在协同绿色创新系统中是一组织者与协调管理者（王帮俊等，2015）[①]；不仅仅承担相关政策的制定与监督执行，同时还要为系统提供相应的基础设施保障以及打通信息通道；科研院所是整个系统中创新成果的研发方和智力支持方，其工作重心在于为煤炭行业体系培养输送专业技术人才以及推动产业技术进步；中介组织是系统各个主体之间沟通平台的搭建者，为煤炭行业体系各组成部分提供资金、供求信息等有形无形的资源；煤炭行业体系是协同绿色创新成果的使用者也是信息、资源、资金、技术等输入的接受者，是各种煤炭产出品、伴生物、污染物的输出方，同时也是各类绿色信息、技术的实践者、国家税收的贡献者，相较于传统的不同组织间的合作，协同绿色创新强调协同目标的多元，协同主体的多方，协同方式的多样，协同关系的多类。

（2）中观层面

煤炭行业内部，提供者、生产者、运输者、消费者所组成的行业体系不仅在生态意义上遵守产业共生和物质代谢的客观规律（卞丽丽，2011）[②]，能够进行信息、技术、资源、资金的交换，同时在战略上也可以实现价值链共享，共同分担风险、分享利润的效果，并且在交易的频度、数量上形成互惠的产业组织系统和社会关系网络，进而在资源节约、环境保护、废弃物的循环利用方面

---

① 王帮俊，周敏，吉峰．基于“三螺旋”理论模型的煤炭产学研协同创新网络平台研究［J］．中国矿业大学学报（社会科学版），2015（3）：56－60．

② 卞丽丽．循环型煤炭矿区发展机制及能值评估［D］．徐州：中国矿业大学博士学位论文，2011：114－115．

起到单个企业以及产业链条无法实现的效益。具体而言就是在煤炭企业的采购、生产、运输、消费、回收各个环节进行纵向一体化，实现各个环节低污染、低能耗、低排放、高收益的“三低一高”的绿色目标，如图4－2所示。

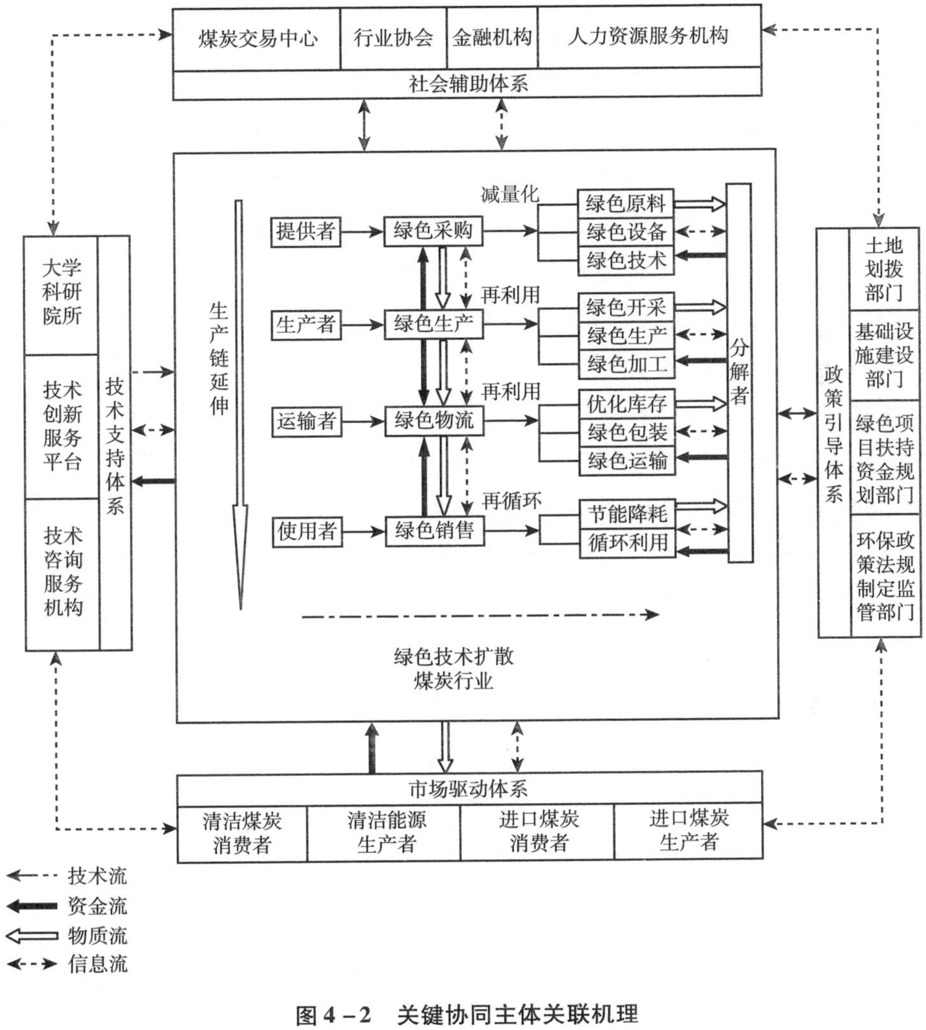

图4－2 关键协同主体关联机理

资料来源：本图根据谷立霞等（2010）①，李丹（2013）②研究由作者绘制。

---

① 谷立霞，王贤．基于全要素协同的高碳产业低碳化创新系统研究［J］．科技进步与对策，2010（11）：77－80.

② 李丹．大型煤业集团煤炭绿色供应链系统与优化研究［D］．阜新：辽宁工程技术大学博士学位论文，2013：70－75.

4.2.3 关键内部单元能力体

本书研究对象是煤炭企业即绿色生产者“生产者包括利用基本环境要素生产出初级产品的生产者以及进行深度加工的生产者”（卞丽丽，2011）①。煤炭企业是协同绿色创新模式投入、产出和收益的主体。煤炭企业在协同绿色创新过程中要完成产品的生产加工：绿色开采、绿色生产、绿色加工（李丹，2013）②。煤炭资源的绿色开采指的是在煤炭资源落、装、运、掘、支、护过程中通过优化改进技术实现开采效益最大化以及环境破坏最小化，即对煤炭资源开采过程中的伴生矿物以及瓦斯、矿井水、煤矸石等的综合利用，如表4－1所示。绿色生产指的是在生产、加工过程中依照ISO14000环境标准及国家相关环保法规，对生产各环节采取不间断预防策略，不断降低人类和环境风险，提高生产效率（李丹，2013）③。绿色加工指的是纵向上在煤炭资源开发的基础上发展下游产业，实现产业链的深化及价值链升级，横向上综合利用煤炭资源生产过程中产生的伴生矿物以及“三废”实现价值链和产业链的双重升级，以及在横向和纵向上的多重复合，燃烧、液化、气化、焦化是目前煤炭资源加工的四大方式。

表4－1　煤炭资源综合利用技术总结

对象	绿色开采技术	内　容
水资源	“保水开采”技术	水资源保护、水灾防治、煤水共采技术
土地	土地与建筑物保护开采技术	离层注浆、充填与条带开采技术
瓦斯	“煤气共采”技术	依据开采卸压原理，建立“导气”裂隙，逐步释放瓦斯气，实现“煤气共采”技术
煤矸石	减少矸石排放	煤层集中巷开采技术、无煤柱开采、煤矸石井下回填技术

资料来源：根据李丹（2013）研究整理。

① 卞丽丽．循环型煤炭矿区发展机制及能值评估［D］，徐州：中国矿业大学博士学位论文，2011：114－115.

②③ 李丹．大型煤业集团煤炭绿色供应链系统与优化研究［D］．阜新：辽宁工程技术大学博士学位论文，2013：70－75.

高德华等（2013）① 的研究认为企业能力是一复杂适应性主体，不仅仅包括环境、企业能力体还包括企业内部承担企业战略、生产、营销、研发等具体职能的单元能力体。依据前文对煤炭企业协同绿色创新能力影响要素的界定，目前协同绿色创新能力的提升离不开战略、技术、文化三个关键单元能力体之间的协同。

（1）战略单元能力体

目前煤炭企业的战略目标纷纷由追求经济效益的单一目标转向经济效益、社会效益、生态效益三者兼顾的“三赢”：国家能源集团确立“一个目标、三型五化、七个一流”企业总体发展战略，即：一个目标是指建设具有全球竞争力的世界一流能源集团；三型五化是指打造创新型、引领型、价值型企业，推进清洁化、一体化、精细化、智慧化、国际化发展；七个一流是指实现安全一流、质量一流、效益一流、技术一流、人才一流、品牌一流和党建一流②。首先是战略单元能力体的目标应该与企业的总体目标相一致（马伟等，2014）③，国能集团的发展战略体现了“加快清洁低碳转型，推动化石能源清洁化和清洁能源规模化，努力成为践行绿色发展理念的典范企业”的企业总体目标。其次是煤炭企业内部各个职能部门、各个生产经营单位目标能够与绿色创新目标相一致，逐层分解创新目标，共同实现企业的战略目标，以国能集团为例，2019 年其环保绩效如表 4－2 所示④。

表 4－2　　国能集团 2019 环保绩效

部门	目　　标
煤炭产业	推进 139 项重大环境治理工程，强化煤炭清洁技术利用
电力产业	推进超低排放改造，在运常规煤电机组全部实现超低排放
化工产业	推进工业废水处理系统提标改造，鄂尔多斯煤制油实现油灰渣产品化
运输产业	完成 17 个铁路沿线煤台的封闭改造、6 个煤场防风抑尘网建设项目

资料来源：本书作者根据国能集团 2019 年社会责任报告⑤整理。

① 高德华，邓修权，白冰．复杂动态环境下的企业能力系统研究：一个基于主体的仿真分析框架［J］．系统科学学报，2013（5）：78－81．

② 国家能源集团有限责任公司企业管理与法律事务部．2019 年社会责任报告［R］．北京：国家能源集团有限责任公司，2019：28．

③ 马伟，王庆金．协同创新视角下企业可持续发展［J］．财经问题研究，2014（7）：106－111．

④⑤ 国家能源集团有限责任公司企业管理与法律事务部．2019 年社会责任报告［R］．北京：国家能源集团有限责任公司，2019：28－29．

（2）技术单元能力体

技术单元能力体对能力提升的作用表现为“协同性”：企业研发中心应相互协同共同服务于企业的创新目标，煤炭企业的技术创新项目具有投资额大、回收期长、风险大的特征，因此对于创新活动而言不仅仅要积极与科研院所、科技服务机构进行合作，更应该积极发挥企业管理人员、技术人员对企业的具体情况以及行业技术的实际应用情况更为熟悉的特点，建立技术创新职能团队完成企业的创新任务。以国能集团为例，其拥有12个国家级科研平台（国家重点实验室3个，国家工程实验室2个，国家企业技术中心1个，国家部委重点实验室6个）（见表4－3）；拥有直属科研机构4个（见表4－4），基本形成科技创新决策、管理、研发和成果应用转化一体化的科技创新体系。这一科技创新体系仅在2019年就实现了“大规模风光互补制氢”等3个国家项目获批立项，“高效灵活二次再热发电”等6个在研国家项目过中期检查，“智慧矿山绿色安全高效开采”等28个项目通过鉴定，“燃煤电站超低排放控制技术”实现超高硫煤同类机组排放最低，建成投产4台百万千瓦超超临界机组和1台66万千瓦超超临界二次再热机组[①]。

表4－3　　国家能源集团国家级研发平台

序号	名　　称	审批部门	依托单位
1	煤炭开采水资源保护利用国家重点实验室	国家科技部	神东煤炭、低碳院
2	清洁高效燃煤发电与污染物控制国家重点实验室	国家科技部	电科院
3	风电设备及控制国家重点实验室	国家科技部	联合动力
4	煤炭直接液化国家工程实验室	国家发展改革委员会	化工公司
5	低阶煤清洁转化与应用技术国家地方联合工程实验室	国家发展改革委员会	宁夏煤业
6	烟台龙源电力技术股份有限公司国家认定企业技术中心	国家发展改革委员会	烟台龙源
7	国家能源煤炭清洁转化利用技术研发（实验）中心	国家能源局	低碳院
8	国家能源风电运营技术研发（实验）中心	国家能源局	龙源电力
9	国家能源火力发电节能减排与污染控制技术研发（实验）中心	国家能源局	电科院

① 国家能源集团有限责任公司企业管理与法律事务部．2019年社会责任报告［R］．北京：国家能源集团有限责任公司，2019：29.

续表

序号	名　　称	审批部门	依托单位
10	国家能源潮汐海洋能发电技术研发（实验）中心	国家能源局	联合动力
11	国家能源低阶煤综合利用研发（实验）中心	国家能源局	龙源环保
12	国家环境保护大气物理模拟与污染物控制重点实验室	生态环境部	电科院

资料来源：国家能源集团．创新体系［DB/OL］. www. ceic. com/gjnyjtww/chncxtx/chncxtx. shtml, 2020－07－18.

表4－4　　　　　　国家能源集团直属科研机构情况

序号	研发机构名称	人员规模	所在地
1	低碳研究院	500余人	北京
2	技术经济研究院	53人	北京
3	国电新能源技术研究院	近400人	北京
4	国电科学技术研究院	748人	北京

资料来源：国家能源集团．创新体系［DB/OL］. www. ceic. com/gjnyjtww/chncxtx/chncxtx. shtml, 2020－07－18.

（3）文化单元能力体

企业文化单元能力体是企业通过树立榜样的“软约束”、建立规章制度等“硬约束”将企业的核心价值观形成可以传承的“文化基因”，进而形成企业在经营管理过程中处理问题所遵循的“主导逻辑”，这种动态结构也具有相对稳定性，是一个各部分、各要素普遍联系、相互作用的整体，企业文化单元能力体要与环境的物质、能量和信息交换；还要完成自身的新陈代谢，即主体内部各个部分的运行及相互协调。因此企业文化单元能力体不仅因为其指导、凝聚作用因而能够促进协同，同时企业文化自身的特性也决定了文化协同是企业内外不同部门、不同节点的成员在价值观、习惯和行为的默契和对接，其内隐性、影响长远性、不易觉察性的特征，使得文化协同对于创新文化的形成尤为重要，相同的文化理念、共同的价值、信念及利益追求，文化协同作为共同价值观念和共同利益的表现，决定了创新团队行为的方向，规定着创新团队的行动目标，是创新绩效实现的隐性保证。

煤炭企业企业文化系统的主体、客体与生态环境之间的关系表现为生产性主体、科研性主体、管理性主体是客体的接收者，同时也是创造者；客体是联结主体与周围环境的介质，同时也是其产出物。煤炭企业文化系统构建应该秉承“和本”原则，即企业文化系统的构建应达到使企业与环境友好共存，协同企业之间、企业内员工之间、员工与管理层之间、管理人员之间形成和谐友好的工作氛围，对于企业内每一个体实现心身合一，保持健康的心态、稳定的情绪，这也是煤炭企业文化系统构建的三条路径。

第一条路径，与“天”和，主要体现在绿色矿山建设上，自然资源部近日发布《非金属矿行业绿色矿山建设规范》等9项行业标准的公告。这是目前全球发布的第一个国家级绿色矿山建设行业标准，标志着我国的绿色矿山建设进入了“有法可依”的新阶段，将对我国矿业行业的绿色发展起到有力的支撑和保障作用。自然资源部此次发布的9项行业标准包括《非金属矿行业绿色矿山建设规范》（DZ/T 0312－2018）、《化工行业绿色矿山建设规范》（DZ/T 0313－2018）、《黄金行业绿色矿山建设规范》（DZ/T 0314－2018）、《煤炭行业绿色矿山建设规范》（DZ/T 0315－2018）、《砂石行业绿色矿山建设规范》（DZ/T 0316－2018）、《陆上石油天然气开采业绿色矿山建设规范》（DZ/T 0317－2018）、《水泥灰岩绿色矿山建设规范》（DZ/T 0318－2018）、《冶金行业绿色矿山建设规范》（DZ/T 0319－2018）、《有色金属行业绿色矿山建设规范》（DZ/T 0320－2018）。

原国土资源部按照“规划统筹、政府引导、企业主体、协会促进、政策配套、试点先行、整体推进”的思路，积极推进绿色矿山试点工作，分四批遴选出国家级绿色矿山试点单位共661家，树立了一批绿色矿山建设的典范，起到了示范引领作用。绿色开发利用、绿色和谐发展成为矿业行业的共识。先期开展试点的矿山企业积累的成功经验，不仅对其他矿山具有很好的示范和借鉴意义，也为制度的供给和标准的形成奠定了基础、做出了探索①。在绿色创新、清洁生产、节能减排、循环经济、可持续发展等经济方面的环保要求和环境规制加强的客观条件约束下，建设绿色矿山成为必然。同时，企业环境的绿化美化、智慧型、节能环保型矿山的建设不仅仅为矿工提供了良好的工作、生活场所，也为所在社区和地区展示了一个美好的生态示范区和绿色发展基地，是创造煤炭企业企业文化系统的物理要件。

第二条路径，煤炭企业文化系统的物理要件中存在的并非只有一个或者数个个体，而是存在若干互联系、相互作用的子系统。近年来国际局势动荡加剧、

---

① 自然资源部网站 自然资源部发布九大行业绿色矿山建设规范 www.gov.cn/xinwen/2018－07/02/content_5302727.htm 2018－07－02.

国内经济增速换挡、产业结构优化、煤炭企业本身的周期性等多重因素叠加影响、新旧矛盾相互交织，各个领域的不确定性均有所增加，这种不确定性自然造成了人际交往失调、生存以及心理压力加大的严峻现实。因此煤炭企业文化系统中的各个生产、业务单位必然要与环境中各个支持性系统加强协作，各个子系统（主体）不仅仅具有清晰的、强烈的合作意识；还能保持子系统本身文化特色和人文价值以及发挥各自的区位、专业、资源优势，所以在煤炭企业文化建设的第二条路径除了关于生态友好的绿色知识在系统内部运行外，更为显著的特征是参与意识及合作精神的协同知识在企业内流动，遵循继承优秀传统文化与大胆借鉴引用当代先进管理思想相结合，用开放的眼光，兼容的品质，加强与不同企业间的交流与对话，承认不同企业在文化和价值取向上的差异，经过认真科学的分析、筛选与提炼，塑造适合本企业的文化系统。

煤炭企业的绿色文化是一个追求人与生态、人与人、人与自身和谐发展的动态系统，而人与自身的自我观照性，由于其难于觉察、不易自知以及模糊隐含等特殊性是演化的高级阶段，同时也是更为重要、任务更为艰巨的企业文化构建路径。这是由于煤矿的井下开采是一种工作环境特殊的职业。长期以来，多数煤炭矿区的现场作业条件较差，井下工作面场地狭窄，地质条件复杂，水、火、瓦斯、煤尘、顶板等灾害时刻威胁着矿工的人身安全。生产环境对身心健康的负面影响，会使人情绪低落、心情抑郁、反应迟钝，轻者生产效率降低，重者造成生产事故，人员伤亡，财产损失。大道至简、大爱无疆，因此煤炭企业文化系统构建的第三条路径，一定融入了科学的世界观、人生观、价值观教育的“天、地、人——和本”企业文化建设路径，同时也是遵循规律、以人为本、返璞归真、回归本源的努力。

4.2.4 关键内部单元能力体间关联机理

在煤炭企业内部，协同绿色创新也是企业战略、生产技术、乃至于企业文化等各类关键单元能力体相互协同的结果，创新结果也会反过来影响这些要素，形成一个多层、多级相互影响的结构。一方面，战略为协同绿色创新能力的提升提出了一个长期的、根本的整体解决方案，实现经济、社会、生态效益的和谐共存，战略制定与执行的过程是将企业文化，通过明确核心价值观、树立榜样、制定相应的规章制度等方式融入煤炭企业的技术创新之中，使企业文化成为技术创新的引导；另一方面，在技术创新的活动中提炼企业文化的内涵，技术创新在战略目标上实现煤炭企业可持续发展，空间上整合相关社会资源形成协同网络组织、时间上提高各类生产要素转换成企业经济效益的效率，通过技术在企业内的扩散、应用活动强化企业文化的核心价值观、制度规范、行为方式以及形象载体，与之相对应，企业文化的固有特征及其价值性对煤炭企业战略的制定及实施起到了约束、引导、激励作用，促进企业各级管理者与企业员工共同致力于节约能源、降低污染、提高生产效率等技术创新的顺利实现。

由此可见，煤炭企业内部战略、技术、文化能力体之间，技术创新促进创新文化形成，创新文化引领技术创新，二者相互促进共同服务于企业创新战略，同时又促进了创新战略的制定及实施，如图4－3所示。

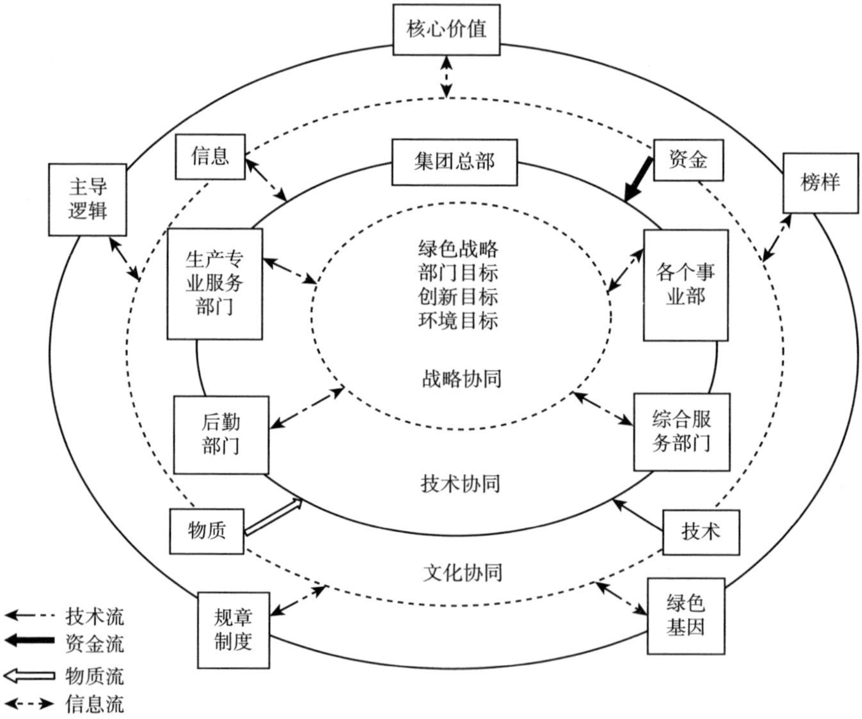

图4－3　关键内部单元能力体间关联机理

资料来源：本图根据马伟等（2014）[①]研究由作者绘制。

---

① 马伟，王庆金．协同创新视角下企业可持续发展［J］．财经问题研究，2014（7）：106－111.

4.3 煤炭企业协同绿色创新能力提升路径

4.3.1 协同绿色创新能力提升的三种可能路径

(1) 内生性能力提升路径

实施内生性能力提升路径的前提是以企业为主导，企业有较强的整合外界创新资源，通过外界创新资源的消化、吸收、转化成为企业自身的创新能力，完成创新资源在组织内外的合理配置。

实施内生性能力提升路径的企业特征首先表现为企业的自主创新能力比较强，并且在行业内具有一定的成本技术优势；其次企业有比较明确的自主创新战略和成熟稳定的创新文化，保证企业创新项目的顺利实施；再次企业有比较雄厚的资金实力，能够满足现有创新项目的资金需求以及为新建项目提供资金投入；最后，企业有比较稳定的创新团队和连续的创新项目攻关经验，一般通过协同绿色创新能力的积累来实现能力的提升（刘晓平，2013）①，具有明显的路径依赖特征，是企业对前期发展经验总结与升华的路径。企业经营管理的连续性保证了创新能力积累的延续性，如果没有延续性对能力变异的限制，那么组织就会疲于应付频繁的内部变化和创新，很难将变化和创新积累成为组织的竞争优势，延续性以及积累的缺失预示着组织未能将经验存入组织记忆，用于组织内部协同的知识、经验将无从获得，企业能力的提升也无从谈起。但是，如果某个企业的路径依赖性过强，即组织的保持机制过强则会妨碍组织针对外界环境的变化迅速应对的能力，即过强的路径依赖可能导致企业的创新策略以及实施行为“无效率”（韵江，2009）②。这是内生性能力提升路径最明显的缺陷。

从驱动力分析，实施内生性能力提升路径是自组织驱动选择的的结果，行为上通过组织内部某一个或者某些要素的提升以及相互作用，促进企业与外界各个创新主体的协同能力，行业内通过链接、配置、整合、集成等手段

---

① 刘晓平．基于动态能力的装备制造企业创新能力发展模式研究［D］．哈尔滨：哈尔滨理工大学博士学位论文，2013：33－35.

② 韵江．战略演化：组织内透视［M］．大连：东北财经出版社，2009：184.

实现价值链的优化，行业外通过资金、信息等纽带形成多元主体的协同创新网络，降低创新技术开发、产业化难度，成果上实现外部创新资源的引进和合理利用，企业创新能力获得提高、企业竞争优势获得提升，企业成为整个创新网络和价值链条中的核心企业。

（2）外生性能力提升路径

外生性能力提升路径的实施前提是外部协同主体的创新能力远远超过了企业的创新能力，在这种情况下，外部创新主体是整个协同绿色创新系统的主导，企业成为创新成果吸收、转化的载体。

实施外生性能力提升路径的企业具有以下特征，首先企业对外部的技术等资源有较强的消化、吸收、转化能力；其次企业有比较明确的协同创新战略和稳定成熟的互助型企业文化；最后企业与上下游企业、政府、社会公众等主体不仅仅在利益上保持一致，同时在技术、知识、资源、信息等方面相关程度较高可以有效共享，因此在这种情况下企业对外部资源有一定的依赖性，在能力提升过程中一般采取依靠已有的政策优势驱动有形资源的聚集形式（潘宏亮，2014）①，主要采取能力扩展的形式实现协同绿色创新能力的提升（刘晓平，2013）②：单个企业的资源有限，导致企业创新能力的积累时间与程度受限，尤其是煤炭行业由于生产环境恶劣、生产环节多、产品的性能、质量标准复杂，因而在创新活动中更需要企业内外高度协同，强化创新要素的开发程度以及拓宽创新要素的获取渠道。协同绿色创新能力的扩展会引入更多的外部“新奇性”，创新性变异会增加，促进协同创新能力的提升。

从驱动力分析是他组织驱动选择的的结果，行为上依靠政策引导，技术上形成以外部技术创新源为主导的技术联盟，依靠外部扶持应对替代品以及竞争者威胁，目的是通过对外部资源的合理利用以及消化吸收逐渐提高自主创新能力，在协同绿色创新系统中地位逐渐由被动转化为主动，实现各类资源由外到内的聚集、融合、最终达到由单个、封闭企业创新能力的提升到整个系统的协同绿色创新能力的提升。

---

① 潘宏亮．协同创新驱动中小企业升级的机理与路径研究［J］．河南师范大学学报（哲学社会科学版），2014（9）：86－90.

② 刘晓平．基于动态能力的装备制造企业创新能力发展模式研究［D］．哈尔滨：哈尔滨理工大学博士学位论文，2013：33－35.

从内生性能力提升路径和外生性能力提升路径可以看出这两条能力提升路径有各自的适用条件，同时也有各自的优势，如表4－5所示。

表4－5　　内生性能力提升路径和外生性能力提升路径区别

路径	优　势	适用条件
内生性	1. 提高企业自主创新能力 2. 节省监管、协调、整合成本 3. 不容易泄露企业机密 4. 创新成果具有针对性，符合企业的具体要求和应用条件	1. 对资金、技术、员工素质要求较高 2. 创新项目的完成需要较长时间的筹备、运行、评估过程 3. 能力提升主要靠能力的积累完成，容易造成路径依赖
外生性	1. 有效利用外部资金、技术、信息、物质等资源，实现优势互补 2. 对企业资金、技术、人员要求相对较低 3. 能力提升速度较快 4. 前期投入成本较低	1. 依靠外部不利于企业自主创新能力的形成 2. 创新成果可能不符合企业的具体的应用条件 3. 能力提升主要依靠能力的扩展实现，过多"新奇性"的引入可能会影响企业创新的主导逻辑

资料来源：作者根据已有研究结果整理。

（3）内外动力耦合性能力提升路径

从以上的分析可以看出内生性和外生性能力提升路径都各有其优势以及适用条件，而内外耦合协同绿色创新能力提升路径则是以上两种路径的优化与结合。耦合的实质是两个或者两个以上的系统或者运动方式之间通过相互作用彼此影响进而联系起来的物理现象，因此耦合性能力提升路径的前提条件是企业与外界协同创新主体相比较创新意识、创新资源等创新要素相差无几，包括企业在内的各个创新主体在实现企业绩效与合理利用企业外部资源的同时，通过创新主体之间的协同行动加强价值网络各个节点之间的关系，突破了价值链上各种价值活动的静态均衡，实现了整个协同绿色创新系统中各个主体创新行为的相互衔接、融合，达到各创新主体在系统能力提升各个环节时间与步调的一致性，在协同绿色创新能力提升的过程中形成了一立体的动态网络结构。

实施内外动力耦合提升路径的企业首先不仅仅自主创新的能力比较强，在行业内具有一定的成本技术优势，同时对外部的技术等资源有较强的消化、吸收、转化能力；其次企业有比较明确的协同创新战略和成熟稳定的协同创新文化，保证企业创新项目的顺利实施；最后企业与上下游企业、政府、社会公众等主体不仅仅在利益上保持一致，同时在技术、知识、资源、信息等方面关联程度较高，可以进行充分共享。这种内外动力耦合性能力提升路径一般采取能力积累与能力拓展相结合的形式实现能力的提升，是自组织驱动与他组织驱动相结合的产物。

4.3.2 煤炭企业协同绿色创新能力提升路径选择依据

煤炭企业协同绿色创新能力提升选择内外动力耦合提升路径，不仅仅是由于通过上文的理论推导分析得出市场导向、政策导向与煤炭企业内部要素之间存在着明确的互动关系，更需要从煤炭企业协同绿色创新能力提升的特殊性，以及当前煤炭企业所面临的特殊宏观环境来考量。

第一，煤炭企业协同绿色创新能力提升的特殊性表现为系统性（危怀安等，2013）①。首先是生成结构的系统性，煤炭企业协同绿色创新能力提升是由宏观层面、中观层面、微观层面三个子系统构成，是多个主体的多要素协同，其次协同效应亦具有系统性，煤炭企业协同绿色创新能力提升的最终目标是实现经济效益、社会效益、生态效益的“三赢”，这三者的相互耦合、相互作用、相互促进，最终使协同效益也具有明显的系统性特征。

第二，煤炭企业协同绿色创新能力提升的特殊性表现为复杂性。首先，煤炭企业协同绿色创新能力提升相关要素的多元性，不仅仅包括企业外部的各种有形组织，还包括企业内部战略、资源、组织、文化等有形无形的要素；其次，还表现为非线性（刘伟，2011）②，线性与非线性是基于系统的数学性质给出的系统分类，线性系统的基本特征都满足叠加原理（丁堃，2005）③，而协同绿色创新能力提升则具有非线性的特征，各个要素之间的关系都不满足加和与齐次性原理。

第三，煤炭企业协同绿色创新能力提升的特殊性表现为适应性。煤炭企业协同绿色创新能力提升过程是资金、技术、信息、知识、资源等要素在各

---

① 危怀安，聂继凯．协同创新的内涵及机制研究评述［J］．中共贵州省委党校学报，2013（1）：107－113.

② 刘伟．中国煤炭流通环节治理型管控模式及运行机制研究［D］．徐州：中国矿业大学博士学位论文，2011：95－96.

③ 丁堃．基于复杂适应系统理论的绿色创新系统研究［D］．大连：大连理工大学博士学位论文，2005：37－38.

个主体间横向、纵向、主体内外自由流动的过程。这些要素在其载体以及相应的网络中自由流动，产生再循环效应以及乘数倍增效应（丁堃，2005）①，形成系统的螺旋式上升。这是一系统自组织与他组织相结合的过程，其运行有时没有计划性，也无法准确预计。这一运动过程，促使煤炭企业协同绿色创新能力系统能适应处于不断发展变化中的、具有高度不确定性以及无序特点的外部环境，因此适应性就成为协同绿色创新这种复杂系统的主要特征。

从煤炭企业目前所面临的宏观环境考量，信息技术的发展打破了组织间的信息壁垒实现了信息在组织间的充分共享；政府、行业协会、煤炭交易中心以及其他中介组织等的平台作用加速了创新主体之间信息、技术、资金、物质交流，因此煤炭企业对自身协同绿色创新能力的特点、发展程度有比较清晰的界定，同时对其他协同主体的创新意图、相关资源、行为特征有比较全面的了解，能够通过双方能力的比对，以及情景的特定性，确定内外耦合性提升路径相较于其他两种路径更能达到破除组织壁垒的目的，实现各类创新要素在系统中自由流动、整合、共享、能够迅速产生创新绩效，同时增强企业自主创新能力。

4.3.3 煤炭企业协同绿色创新能力动力耦合提升路径分析

对耦合实质的界定可以看出煤炭企业为了实现可持续发展的目标，在行业内部煤炭企业实行适当的纵向一体化战略，实现产业链的延伸。产业链的形成是具有连续追加价值关系的关联企业集合体，能够实现价值增值。其形成路径一般可以分为链式集结（Chained Aggregation）和链式分化（Chained Differentiation）两种，而产业链一旦形成就具有自聚集（Self - aggregation）、自繁衍（Self - propagation）、自延伸（Self - propagation）、自拓展（Self - expanding）、自强化（Self - strengthening）、自调整（Self - adjusting）等自组织功能，因此在生态条件许可的范围内，产业链就会不断向纵向和横向延伸

① 丁堃．基于复杂适应系统理论的绿色创新系统研究［D］．大连：大连理工大学博士学位论文，2005：37 - 38.

（张蓓佳，2013）①。就单独的某个煤炭企业而言，在一体化以及多元化过程中，既表现出前文所阐述的自组织特征又表现出他组织特征，这是由于绿色创新受终端客户环保需求的驱使，又面临脱困窘境，对经济效益的要求十分迫切，因此就需要政府相关政策进行有效引导，各种中介服务机构能够提供相应的人、财、物、技术、信息支持，协同绿色创新能力内外耦合动力机制因此表现出比较明显的他组织特征。

同时不仅仅市场驱动体系、政策引导体系、社会辅助、技术支持等外生动力会作用于内生动力——关键单元能力体，即转化成为企业“三赢”战略目标的确定、环境友好的核心价值观形成以及绿色技术研发等关键单元能力体的发展，内生动力同样要作用于外生动力：战略、技术、文化等煤炭企业内部关键单元能力体反作用于技术支持系统，既为科研单位以及技术服务机构建立相应的技术数据库提供了一手资料，同时也使其获得了相应的经济收益，激发了上述机构研发、服务的积极性；反作用于社会辅助体系，煤炭行业协会获得了煤炭生产一线的信息，方便其发挥政府与煤炭企业之间的中介作用，其他营利性组织在为协同绿色创新这一复杂系统服务的过程中不仅提高了其服务能力同时也获得了相应的经济收益；作用于政策驱动体系，协同绿色创新的社会收益放大了政府环境规制的绩效，正向强化了政府运用经济的、行政的各项规制措施对环境问题的管理；作用于市场引导体系，满足了消费者对于清洁煤炭产品的需求，在面对进口煤炭的竞争威胁情况下，不再简单依靠政府采用税收以及配额等手段来帮助煤炭企业占领市场，而是依靠煤炭企业自身优化产品结构、进行合理市场定位来增强煤炭企业的竞争实力。唯物辩证法认为内因决定事物发展变化的基本趋势和方向，同时外因也是事物发展变化不可缺少的组成部分，所以在煤炭企业协同绿色创新内外动力耦合提升路径的践行过程中，外生动力与内生动力相互影响、相互作用，实现协同绿色创新动力机制螺旋式上升，进而促进了协同绿色创新能力的进一步提高，如图 4 – 4 所示。

煤炭企业协同绿色创新能力内外动力耦合提升路径践行的过程是“自组织”与“他组织”“看得见的手”与“看不见的手”相互作用的过程。从进化论的角度而言“自组织”也可以看作是一个企业系统在“获得性遗传”

① 张蓓佳．煤矿企业节能减排动力机制及体系构建研究［D］．徐州：中国矿业大学博士学位论文，2013：58 – 59.

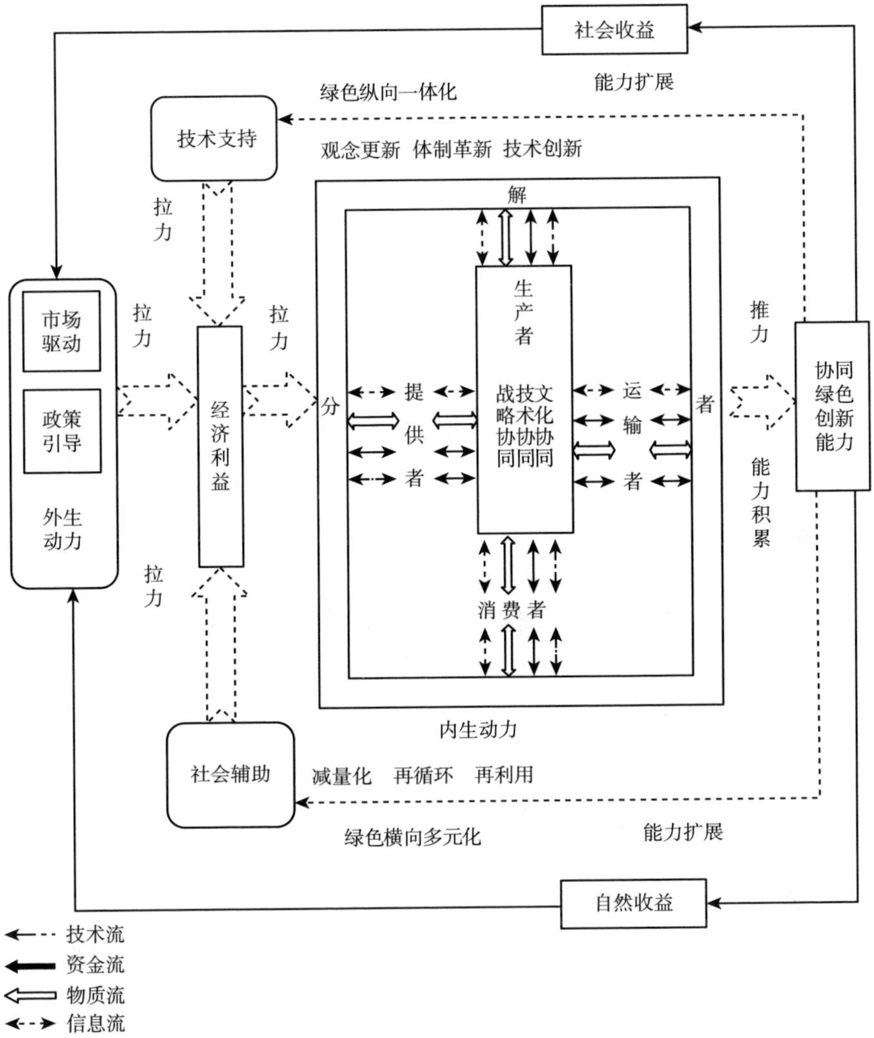

图4-4 煤炭企业协同绿色创新能力提升动力耦合路径

"选择性变异"和"优胜劣汰"等机制作用下，其内部组织结构和经营管理等运行模式不断地自我完善、不断提高对环境适应能力的过程。长期以来，对组织结构概念的理解主要是空间结构（Space Structure），所运用的组织范式仅仅是他组织（Heter - organization）的范式，而忽略了与组织动力学（Organizational Dynamics）相联系的组织时间—空间结构（Time-Space Structure）的概念。这种"时空"结构概念不仅仅包括组织的系统功能不断发展演化、组织与环境的变动中适应关系的他组织过程，同时也自然包括对组织而言最重要、也最有活力的自组织过程。这种时空结构概念下的自组织与他组织相结合的内外动力耦合路径的践行使得煤炭企业协同绿色创新能力系统对顾客与市场的需求反应具有灵活性、针对性和弹性，及时应对煤炭市场的周期性波动，是煤炭企业协同绿色创新能力提升在企业经营过程中的反映，这也为下文煤炭企业协同绿色创新能力提升的演化过程提供了理论铺垫。

4.4 煤炭企业协同绿色创新能力提升演化

煤炭企业的创新实践表明协同绿色创新能力提升是一个复杂的动态发展过程，在高速变化的复杂环境下，各个阶段能力提升的重点、方式方法迥异，是一个“秩序跃迁”的演化过程。创新能力演化是创新理论不断借鉴其他学科，尤其是生物学相关理论的产物，本书旨在通过协同绿色创新能力演化的驱动要素、演化规律、演化阶段、作用效果等演化机制的逻辑推演，预测协同绿色创新能力的发展方向，进而提出促进煤炭企业协同绿色创新能力演化的管理原则和管理方法。

4.4.1 煤炭企业协同绿色创新能力提升演化的基本单位

一切学科的研究方法都有其研究方法论作为指导，研究方法论是个体对研究对象的“一系列可以在研究中加以明确的假定”（Mir 等，2000）①。对于创新能力演化机制的研究，其研究方法论多为生物学隐喻（Biology Metaphor），生物学隐喻在多个学科使用应具备以下两个条件：研究对象的同质性（Homogeneity）与隐喻词世界观的相似性。创新系统与生态系统的相似性为生物进化理论在管理领域的应用提供了前提条件，同时创新领域的相关研究在观察事物时也坚持了不同于本质论（Essentialism）和简单还原主义（Reductionism）的进化哲学观念，使生物学隐喻与创新理论在基本的哲学观念上存在了通约性（Commensuration），因此在创新研究领域合理借鉴生物进化思想具有可行性和必然性。

---

① Mir R, Watson A. Strategic management and the philosophy of science: The case for a constructivist methodology [J]. Strategic Management Journal, 2000 (9): 941-953.

协同绿色创新能力提升演化的基本假设首先是协同绿色创新能力系统和生物系统之间存在可类比性。第一，协同绿色创新能力的发展与生态系统发展相似，亦是外部环境与内部资源相互作用的结果；第二，协同绿色创新能力是在企业的经营管理活动过程中显现，自然会在企业内部进行物质、能量与信息的流动，这种流动也具有交互、反馈、循环以及自我调节等特征；第三，煤炭企业协同绿色创新能力系统的结构也具有相对稳定性，是一个各部分、各要素普遍联系、相互作用的整体，系统内部又可以存在不同的等级和层面，大系统与各个小系统并存，并具有一定功能；第四，协同绿色创新能力提升表现出非线性、动态、复杂的趋势，因此大部分创新结果的出现与生物进化过程相近亦呈偶然性和阶段性；第五，协同绿色创新能力具有结构惯性，如同生物体的固有特性，一般不能迅速改变，产生一定演化刚性。因此对于演化机制大多数学者认为是生物进化论核心内容的延伸。

从生物演化的基本单位来说，生物演化研究的基本单位是“基因”(Gene)，应具有可传递性和相对稳定性，基因在组织中的对应物——组织惯例（Organizational Routines)，本质是一种通识化的知识，其逻辑结构可分为观念维度与执行维度：观念维度是指组织中一般的、抽象的概念和原则，包含了组织中各类显性及隐性的知识，本书将其界定为存在于煤炭企业中有关节能降耗、清洁生产等的绿色知识；执行维度是指在特定的时间、特定的情景下完成特定任务的特定成员所奉行的日常惯例（韵江，2009)①，本书将其界定为存在煤炭企业员工头脑中的环保观念和协同意识而导致的行为。煤炭企业的协同绿色创新能力则被看作内嵌于组织惯例中，使用一系列的惯例来执行和协调各类任务以实现某一特定结果的机制。协同绿色创新能力提升的演化过程即是惯例的“变异（Variation)、选择（Selection)、保留（Retention)”（韵江，2009)② 不断重复，螺旋式上升的过程。面对复杂、动态的宏观环境，煤炭企业的协同绿色创新活动面临着较大的不确定性，不可能准确预见未来的情况并制定最佳的创新决策。企业的创新活动需要依靠组织内成员的研发能力和其在组织内外的合作行为以及在工作过程中积累的知识和经验，“这些内在变量形成了一系列企业如何进行技术创新的行为规则和方式，即为

① 韵江．战略演化：组织内透视［M］．大连：东北财经出版社，2009：90－100.
② 韵江．战略演化：组织内透视［M］．大连：东北财经出版社，2009：194－196.

创新惯例”（李锐，2010）[①]。

现有的创新惯例集合是创新活动开展的资源，亦是共同的企业创新框架或启发式的方法，惯例在一定程度上如同生物基因一样具有相对的稳定性，但也会随着外界环境的变化而改变产生“变异”，有区别的选择或者有选择的减少特定“变异”的力量是演化过程每个阶段的第二个步骤“选择”，经过“选择”后的“变异”得以保存、复制、繁殖最终获得“保留”，因此是试错性学习和经验性智慧的成果。从演化过程的发展阶段可以看出，惯例是演化过程的载体和内生要素，对于煤炭企业协同绿色创新能力而言，惯例如同生物体内的基因，既具有相对的稳定性也可以传递，惯例能够反映煤炭企业协同绿色创新能力最重要的特征和本质任务，是煤炭企业协同绿色创新能力提升演化的基本单位。

4.4.2 煤炭企业协同绿色创新能力提升演化机制

（1）动态平衡机制

韵江（2009）[②] 的研究结果表明演化过程要经过“变异—选择—保留”的自然选择过程，如果做个形象的比喻来说，“变异”是“提供新的事”，“选择”是“做正确的事”，“保留”是“正确地做事”，因此演化过程是“探索最佳实践的过程”。由于企业创新实践的不同，演化过程的这三种机制的水平分布自然也会不同。可以分为变异主导型、选择主导型、保留主导型这三种类型。三种类型的特点如表4－6所示。

在目前的动态、复杂的宏观环境当中，面对煤炭行业的效益下行，依照煤炭企业本身的企业特征，通过变异、选择、保留三种机制的权衡兼顾企业创新的稳定性与灵活性，同时保持三种机制均衡运行的持续性，实现创新过程与企业竞争优势来源之间的动态有效匹配，否则在目前比较严峻的环境下，受黄金十年形成的组织惰性影响，外部的选择力量将会成为创新模式演化的主导力量，企业已有的创新惯例将逐渐退化，面临丧失创新能力的窘境。

---

① 李锐．企业创新系统自组织演化机制及环境研究［D］．哈尔滨：哈尔滨工业大学博士学位论文，2010：39－40.

② 韵江．战略演化：组织内透视［M］，大连：东北财经出版社，2009：194－196.

表4-6　　演化过程的三种类型

类型	与其他二者的关系		适用范围	特点
变异主导型	选择	保留	环境变化大 竞争激烈 高新技术企业	强调创新变化
	提供源泉与多样化 增加选择难度与成本	带来活力与变化 降低原有保持收益		
选择主导型	变异	保留	环境变化小 规模经济 范围经济	强调决策对抗
	指明了方向 抑制变异的增加与多样性	提供了经验与因果关系 过多选择增加保留成本		
保留主导性	变异	选择	环境变化小 国有垄断企业	强调稳定
	巩固了被选择变异， 延续优秀变异 使企业缺少变异动力	提供持久收益 产生路径依赖 与锁定效应		

资料来源：韵江．战略演化：组织内透视［M］，大连：东北财经出版社，2009：194-196.

（2）市场与社会选择机制

王海峰等（2013）[①] 在企业绿色创新演化机理的阐述过程中认为市场与社会选择机制类似于物种进化的自然选择和层级选择机制。所谓的自然选择与层级选择是对适者生存的渐变论与环境间断平衡的突变论的选择机制概括。在实践应用中，煤炭企业会依据环境的最新变化，改变（变异）已有的创新思维、创新方法、创新路经（惯例）将新的煤炭产品以及对应的洗、选、储、运等服务投放市场，在市场上经历顾客和其他使用者的严格挑选，幸存的实体被复制、扩散，并逐渐成为特优类型和品种。在此选择机制中，能够同时实现经济效益、社会效益、环境效益的创新项目才会被完整地保留下来，这是煤炭企业的创新模式的自然选择机制。但是，近期由于煤炭市场需求本身的低迷、清洁能源的替代作用、进口煤炭在低端市场的竞争作用，使环境发生了激烈的变化即环境发生了突变，在这种情形下企业必须迅速调整自己的创新方向以及创新方式以适应市场环境的变化，这是一种层级选择的表现。煤炭企业协同绿色创新模式的演化机制是一种市场选择与社会选择相结合、自然选择与层级选择相互作用、渐变与突变相递进的演化机制。

① 王海峰，罗发友．企业绿色创新的演化机理及案例研究［J］，产业与科技论坛，2013（16）：115-118.

(3) 协同进化机制

近几十年来的生态学理论表明，生物种类之间、生物种类与环境之间的依存关系，不仅仅是相互制约、竞争同时也包括协同、互益，这种依存关系即是协同进化关系，协同进化是在某一具体的生态系统内，生物和种群之间以较佳或者最佳的方式组合，种群和环境之间保持相对的稳定（胡伟，2011）①。协同进化理论对于创新理论研究的贡献在于将创新研究的重点从过程、创新的组织模式转向了企业怎样在创新活动中将企业的资源、能力、与环境要素结合起来，即在竞争环境中能够获得持续竞争优势的企业，并非持续提高内部效率的企业而是可以实现企业的资源、能力与外界环境实现动态均衡的企业。

煤炭企业协同绿色创新的演化过程中自然也存在着这样的协同进化机制，微观上绿色创新是企业战略、文化、组织、资源等创新基因组的协同进化，其中某一个基因组的变化都会引起其他基因组的变化，产生各种相互的、同时的、滞后的、嵌套式的交互效应，煤炭企业的各个职能部门、各个矿区都是基因组存在的载体，也是交互效应发生的场所；中观层次上，在整个煤炭行业的产业链上，不论是矿机设备的供给，还是煤炭资源的开采、加工、运输，乃至于销售，任何一个节点的创新行为的发生都会影响到其他节点的发展变化，这是由于在整个行业中存在着信息、技术、资金、资源的流动，创新行为会随着这些"流"在整个系统内运动，促进了整个行业的协同进化；从宏观方层面分析，煤炭企业与宏观环境的协同进化是企业有目的、有意识的进化过程，是一种适应性的进化，为了实现煤炭企业可持续发展的经营目标，企业内部会随着外界环境的变化而进行战略、组织、技术等方面适时、适当的调整和创新，与此相对应的煤炭企业的创新活动也会通过行业协会、交易平台等中介组织传递给政府，为政府根据行业的具体发展情况及时调整政策规制提供线索，因此煤炭企业与宏观环境的协同进化是一种非线性的、能够进行正反馈的演化机制。

4.4.3 煤炭企业协同绿色创新能力提升演化过程

依据王海峰等（2013）② 学者的划分方法，可以将协同绿色创新能力提

① 胡伟．企业发展模式——协同发展的视角［M］，北京：经济管理出版社，2011：18－23.

② 王海峰，罗发友．企业绿色创新的演化机理及案例研究［J］．产业与科技论坛，2013（16）：115－118.

升过程划分为以下四个阶段，第一个阶段是以环境技术创新和设备创新为重点的末端治理，主要是用物理及化学方法对工业三废进行处理和管理；第二个阶段是以工艺技术和生产流程为重点的过程控制阶段，这一阶段已经从“事后弥补”演化到了“事前预防”；第三个阶段是制度、技术、管理和组织的全面创新，这个阶段的特征表现为“系统防治结合”，是从原材料采购、产品生产、运输、最终消费的整个供应链的创新；第四个阶段表现为企业突破自身边界，与行业内的供给者、运输者、消费者、分解者、行业外的政府、中介机构、科研院所以及竞争商品、替代品消费者以信息、资源、技术、资金为纽带形成协同关系，在不同产业间形成闭环循环。

在协同绿色创新能力提升的每个阶段都要经历“变异—选择—保留”这一正反馈过程，通过多次正反馈循环，企业在付出沉没成本的同时，也会获得新的知识，并通过学习机制将知识转换成为收益。但是，由于惯例具有两面性：一方面它是组织记忆的载体能够通过组织内部的学习机制传递创新知识；另一方面基于经验学习的本地性，又容易形成“能力刚性”，因此表现为某种演化过程和内在因果关系一旦被企业认同，变异减少，选择固定，保持增强，演化轨迹形成路径依赖，产生了前文阐释得协同绿色创新能力提升的其中一个维度——能力的积累，虽然协同绿色创新能力的积累促进了企业经济收益的递增，但是亦造成变异的减少形成“能力刚性”，尤其由于煤炭企业的经营与发展的特性，更容易依靠能力的积累来实现能力的提升。从前文协同能力对绿色创新能力的正向作用可以看出，通过协同效应将外生力量内在化，通过信息、资源、资金、技术的共享消除企业各类创新能力之间的差异，即通过能力的扩展也可以实现能力的提升，在“变异—选择—保留”循环过程中，表现为通过协同提高组织开放度，增加变异来调试路径依赖实现路径突破，完成系统内各个创新主体的共同进化。

综上所述，协同绿色创新能力提升的演化过程，是企业在内外关键要素协同作用下形成自己独有的解决经济效益、社会效益、生态效益“三赢”问题的知识、意识与行动——协同绿色创新惯例，在企业生存发展的自组织驱动力作用下，受外界中环境要素的他组织作用影响，经过每一阶段的变异、选择、保留机制，非线性螺旋式上升，逐渐从“点”发展到“线”最终发展到“网”的全面协同创新过程，如图4－5所示。

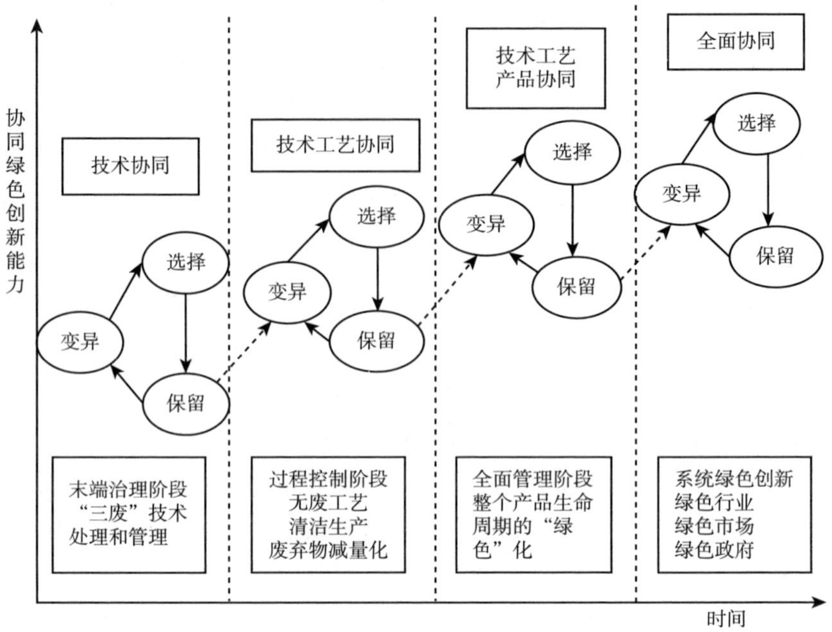

图 4－5　煤炭企业协同绿色创新能力提升演化过程

资料来源：本图根据王海峰等（2013）①研究由作者绘制。

4.5　煤炭企业协同绿色创新能力提升措施

4.5.1　煤炭企业协同绿色创新能力提升违约管理

一般而言，协同创新活动必须依靠协同各方在具体的创新活动中遵守公认的通行准则和行为规范以确保创新绩效顺利实现。但是在此过程中，由于涉及的相关主体多，关系复杂，创新成果的生产、分配、交换、消费各个环节不仅涉及有形的物质产品同时也涉及无形的知识产品，因此在协同绿色创新活动中难免会出现创新信用缺失的违约行为，尤其煤炭行业在国民经济中长期占据重要地位，但近年行业产能过剩导致全行业营利水平及现金回流弱

① 王海峰，罗发友．企业绿色创新的演化机理及案例研究［J］．产业与科技论坛，2013（16）：115－118.

化，违约风险持续上升，行业整体信用品质一般，更需要建立相应的控制机制来对其进行规范和约束。

（1）煤炭企业协同绿色创新能力提升违约控制基本要素

在煤炭企业与其他主体进行合作的过程中形成了以煤炭产业为主导，其他节点企业以及支持性、协助性主体围绕煤炭产业链的链核运动，企业间并不是简单的并列关系而是两两相交形成数个交集，环环相扣，匹配环节间的协调度，在重要环节上完成资源以及信息的积累，避免生产要素在整个系统中反复循环，造成资源浪费。在协同过程中，资源开发利用效率最高的煤炭企业能生产出专用知识和实物资产，从而使煤炭企业可以对异地异质资源进行整合，实现煤炭企业的横向协同，同时避免了由于产品同构形成的恶性竞争和资源浪费，摆脱煤炭企业对不可再生资源的依赖。协同过程中煤炭企业需要考虑的问题是合作的范围以及相互权利义务的分配方式，这就是煤炭企业间合作方式所要研究的问题。

对于企业间合作方式的选择，战彦领（2009）[①] 认为成本与收益的比较是决定企业纵向分工制度选择的主要因素；方厚政（2006）[②] 在总结国内外学者已有研究基础上依据产权结构和创新活动的不同，将合作模式分为合资研究企业与交叉许可协议两种基本模式，并从创新投入和成果利用两个角度对合作模式的选择机制进行了分析；王安宇（2002）[③] 认为具体采取哪种方式取决于合作创新成果的所有权安排、努力水平的激励和专有知识的披露问题、关注合作关系的稳定性以及组织柔性。但是无论采取什么样的标准以及哪种创新方式，合作主体所获得的各类收益与付出得各类成本，是决定协同各方是否进行协同绿色创新以及煤炭企业协同绿色创新能力提升的关键步骤，因此对协同绿色创新能力提升控制机制研究，应是对协同主体违约或者守约所获得的收益以及成本的研究，本书从这两个方面对协同绿色创新能力提升的控制机制进行分析。

---

① 战彦领．煤炭产业链演化机理与整合路径研究［D］．徐州：中国矿业大学博士学位论文，2009：202－203.

② 方厚政．企业合作创新的模式选择和组织设计研究［D］，上海：上海交通大学博士学位论文，2006：36.

③ 王安宇．合作研发组织模式选择与治理机制研究——兼论中国松散性企业集团研发体系重构［D］．上海：复旦大学博士学位论文，2002：64－65.

（2）协同绿色创新能力提升违约控制博弈分析

创新信用指的是在创新活动中各个创新主体遵守自己的诺言或者已有的约定（张琼妮，2014）①。在协同绿色创新过程中出现的违约行为其表现形式尽管多样，但是原因却都是为了获得更多的经济利益，例如科研院所在技术创新成果鉴定过程中的造假行为，先进技术受让方违约转让创新成果，在协同过程中擅自不履行已有的协议规定等。从文化沿革上来看，中国的传统文化是以儒家文化为明线，道家思想为暗线的明暗相辅相成的文化，因此在对交易双方的约束表现上重道德约束轻监督约束，这就给协同信用缺失提供了温床，当系统中存在大量信用缺失时，各个主体在协同创新过程中，自然会产生过高的博弈收益期望，进一步加剧创新过程中的信用缺失行为，体现了信用控制的迫切性。所以本书以演化博弈论为基本分析工具（史密斯，2008）②，借鉴易余胤（2009）③、张琼妮（2014）④、孙凌宇（2012）⑤ 等对企业合作与背叛行为的研究从收益期望的角度分析协同创新出现信用缺失的原因以及如何实施相应的控制机制。

假设在整个协同绿色创新系统中存在两类主体煤炭企业与协同伙伴，煤炭企业与协同伙伴都可以有两种策略选择，煤炭企业的两种策略分别为监管、放任；协同伙伴的两种策略分别为：接受、拒绝。煤炭企业面对的决策是如果采取监管措施将会面对产生监管成本，致使协同成本增加，而不监管则会面临协同伙伴违约带来的损失，因此煤炭企业与协同伙伴之间存在着选择博弈关系。该博弈的支付矩阵构建如表 4－7 所示。

---

① 张琼妮. 网络环境下区域协同创新平台模式与机制及政策研究［D］. 杭州：浙江工商大学博士学位论文，2014：108.

② 约翰·梅纳德. 史密斯. 演化与博弈论［M］. 潘春阳译. 上海：复旦大学出版社，2008：12－20.

③ 易余胤. 基于演化博弈论的企业合作与背叛行为研究［M］. 北京：经济科学出版社，2009：104－179.

④ 张琼妮. 网络环境下区域协同创新平台模式与机制及政策研究［D］. 杭州：浙江工商大学博士学位论文，2014：122－126.

⑤ 孙凌宇. 资源型企业绿色转型成长研究［D］. 长沙：中南大学博士学位论文，2012：68－71.

表 4-7 博弈模型：支付矩阵

协同伙伴 \ 大型煤炭企业	接受	拒绝
监管	E-C，P-N	-C，0
忽视	0，P	0，0

矩阵中 P 表示协同伙伴接受监管所获得的合作收益，N 表示协同伙伴合作过程中因受到监管所付出的履约成本，E 表示实施监管带来的收益，-C 表示实施监管带来的成本，假定 P、N、E、C>O，P-N>0，E-C>O。

X 表示煤炭企业实施监管的概率，Y 表示协同伙伴履约的概率。煤炭企业实施监管的期望收益：

$$A_m = Y \times (E - C) + (1 - Y) \times (-C) = YE - C \quad (式 4-1)$$

不实施监管的期望收益：

$$A_u = Y \times 0 + (1 - Y) \times 0 \quad (式 4-2)$$

则煤炭企业的平均期望收益：

$$\overline{A} = X \times A_m + (1 - X) \times A_u = X \times (YE - C) \quad (式 4-3)$$

协同伙伴合作的期望收益：

$$B_b = X(P - N) + (1 - X)P = P - XN \quad (式 4-4)$$

协同伙伴违约的期望收益：

$$B_a = X \times O + (1 - X) \times 0 = 0 \quad (式 4-5)$$

协同伙伴的平均期望收益：

$$\overline{B} = Y \times B_b + (1 - Y)B_a = Y(P - XN) \quad (式 4-6)$$

由于煤炭企业与协同伙伴属于两个种群，因此还需要引进复制动态方程，如果某种策略的支付比该种群的平均支付要高，那么此种策略就会在该种群中有所发展，复制动态方程反映了参与博弈各方的学习速度和方向，只有当方程为 0 时，博弈才会达到一个相对稳定的均衡状态（孙凌宇，2012）①。煤炭企业选择实行监管的动态复制方程为：

$$dx/dt = X[(YE - C) - X(YE - C)] = X(1 - X)(YE - C) \quad (式 4-7)$$

协同企业采取合作策略的动态复制方程为：

① 孙凌宇．资源型企业绿色转型成长研究［D］．长沙：中南大学博士学位论文，2012：68-71.

$$dy/dt = Y[(P - XN) - Y(P - XN)] = Y(1 - Y)(P - XN) \quad (式4-8)$$

分别令 dx/dt = 0，dy/dt = 0，可以得到在复制动态方程中针对违规进行监管的两个企业的比例稳定不变的水平，即两企业复制动态方程的不动点，此系统的不动点（X^*，Y^*）分别为（0，0），（0，1），（1，0），（1，1），（P/N，C/E），根据 Friendman 提出的方法，均衡点的稳定性可以由系统的雅可比矩阵的局部稳定性得到，该系统的雅可比矩阵为：

$$\begin{bmatrix} (1-2X)(YE-C) & (X-X^2)E \\ -(Y-Y^2)N & (1-2Y)(P-XN) \end{bmatrix} \quad (式4-9)$$

将不动点分别带入雅可比矩阵进行计算，根据本书已经确定的支付函数的数量关系，对结果进行分析。

第一种情况，当 X = 0，Y = 0 时雅可比行列式的值 < 0，迹的值不能确定，这个点是不稳定的点，在实际应用中表现出煤炭企业不进行监管，协同伙伴也拒绝接受监管的状况。对这种情况的分析如下：协同系统要涉及多个主体，这多个主体有各自不同的利益诉求，而中国社会信用机制的匮乏导致煤炭企业在与其他主体进行协同的过程中要进行监管以维持协同目标的顺利实行，因此在煤炭企业与协同伙伴进行合作监管策略的选择上，不会停留在这一点。

第二种情况当 X = 0，Y = 1 时，此时雅可比行列式的值 < 0，迹的值不能确定，这个点同样是一不稳定的点，在这种情况下，协同伙伴接受监管，但是煤炭企业不进行监管，即处于监管缺位的状况，就要面临在协同过程中对方不履行合同，或者违约扩散创新技术的风险，一般发生在协同创新阶段的初期，煤炭企业尚无意识或者相应的资源对协同过程以及其他协同主体进行监管，这样就将煤炭企业置于遭受协同损失的危险之中，因此这种不均衡的状态不会一直持续下去。

第三种情况当 X = 1，Y = 0 时，此时雅可比行列式的值 < 0，迹的值不能确定，这个点亦为不稳定点，在这种情况下煤炭企业实施监管但协同伙伴却拒绝接受监管，如果发生在协同绿色创新系统构建过程中会导致谈判破裂，如发生在双方合作过程中，由于外界环境或者协同伙伴自身的原因单方面违约，拒绝再接受监管，煤炭企业出于风险防范的考虑会终止合作。

第四种情况，当 X = 1，Y = 1 时，此时雅可比矩阵的行列式 > 0，迹 < 0，这是演化博弈的稳定均衡策略，说明复制动态变化的结果是在协同伙伴与煤

炭企业进行合作的过程中，煤炭企业实施监管策略，同时合作伙伴接受监管，遵守合约，及时、如实提供各类信息，这是协同主体间获得必要的信息、技术、资金、资源实现价值链的共享，保证协同绿色创新系统顺利运行的必要条件，因此煤炭企业落实监管、协同伙伴接受并积极配合监管，是协同绿色创新系统各方的最优策略。

第五种情况，在这种情况下迹的值为0，矩阵行列式的值为正，也是一个稳定点，这种情况下如果煤炭企业以P/N的概率进行监管，则协同伙伴以C/E的概率接受监管。

从均衡的分析结果可以看出，博弈活动纳什均衡，第一与监管者的监管成本相关，例如相应的制度设定、信息网络系统建立与维护，预防违约损失而事先保留的风险防范基金等；第二是监管收益，例如节省寻找新的合作者必须花费的妥协成本、试错成本等，以及对方接受监管而产生的“1+1>2”的协同效益等；第三是协同伙伴接受监管获得的协同收益，例如从政府方面获得的相应环保资金政策支持，资源共享实现成本节约、环保形象系统共享而产生的社会效应等；第四是协同伙伴接受监管所需要的履约成本，例如沟通成本、协调成本等。在实际管理过程当中经常出现却是监管缺位这一现象，这就是由于监管一般属于公共品（张琼妮，2014）①，而监管产生的成本却要煤炭企业自己来承担，导致监管的边际收益小于边际成本，因此煤炭企业对协同伙伴的监管动力不足；由于煤炭企业组织规模一般都比较大以及所有制形式的特殊性，许多决策制定和实施都有一定的滞后性，时间成本与沟通成本较高，而绿色创新的收益又具有长期性的特征，合作的收益小于合作的成本，导致中途拒绝再接受监管的违约现象时有发生。有鉴于此，需要建立协同绿色创新控制机制，对协同主体各方进行有效规制，提高协同收益降低协同成本。

（3）协同绿色创新能力提升违约管控平台设计

就实践而言，管控平台的形式主要有科技企业孵化器、高新技术开发区、经济开发区、循环经济园区、相关研发与转化功能型平台等，而监管控制机制一般有监管的主体、监管客体、监管环节、监管策略四个要件。煤炭企业协同绿色创新控制机制的实践主体是以煤炭企业为中心的多主体

① 张琼妮．网络环境下区域协同创新平台模式与机制及政策研究［D］．杭州：浙江工商大学博士学位论文，2014：122－126.

管控平台，在平台内设立相应的常务机构，明确对外承担责任的主体单位，包括决策、执行和咨询机构，并负责展示各个主体在平台中的作用及关系；平台运用产业知识图谱和人工智能技术，实现煤炭产品的高效物联和数据共享；以物质、资金、知识、信息等方式连接各模块，形成制造、转化、输配、利用、回收等的最优路径，实现资源梯级利用，降低终端物质消耗；按照环保规制与合作契约选择、增删协同主体。其中战略等决策机构负责制定平台发展规划，确定绿色创新方向、组织方式、机构设置、议事规则和有关管理规定，以及聘任咨询机构专家，组织协调人、财、物等资源配置，监督和审查平台的财务预决算，为平台提供支撑条件和服务保障等。执行机构配备专职人员，负责日常工作，对平台承担绿色创新项目实施、建立健全规章制度和激励机制以及进行资源分配、沟通协调等。咨询机构由政府相关科技管理部门以及科研院所的专家组成，主要对平台的绿色技术创新提出咨询意见，把握学术方向和人才培养方向，负责对创新任务设置、技术人员遴选、培养和考评、绿色创新项目审核、创新人才培养等提出建议。

监管环节包括监督执行协同目标的确立、协同计划的制定，资源的投入、研发设计、生产运输销售等煤炭产品基本生产过程中的绿色创新活动，监管策略包括构建面对虚拟专用网络技术、防火墙技术、操作系统稳定性等技术数据安全防范体系；制定各个模块的输入、输出界面，统一、修改各个界面的约束规则及接口权限，促进价值链各环节减排节能降耗；规定各个协同主体的权利义务关系，建立包括交易规则、交易保护、违约处罚等制度体系等实现对平台资金流、信息流、物质流、技术流的监控和管理。

（4）协同绿色创新监管控制方式

监管控制机制一般有监管的主体、监管客体、监管环节、监管策略四个要件。煤炭企业协同绿色创新控制机制的监管主体是以煤炭企业为中心的多主体管控平台，管控客体是行业内外各个协同伙伴，监管环节包括协同目标的确立、协同计划的制定，资源的投入、研发设计环节、生产运输销售等煤炭产品基本的生产过程，监管策略包括对信息流、资金流、物质流、信息流的监管控制实现对协同伙伴监管。

具体而言，首先，对于监管主体来说，基于政府对煤炭行业的重视程度，监管措施不应只局限于煤炭企业自身的资源，也应借力于政府对协同绿色创新的支持，发挥政府的监管作用，因此在管控平台内协助政府建立监控各方主体的信息渠道，政府一旦发现相关主体有损害系统收益的短期行为，采取相应的行政、法律措施予以处罚；在此平台内加强与行业协会就监管措施的沟通，协助行业协会发挥其畅通协同各方的信息传递渠道的作用，在制定协会会员服务制度以及会员制度时，强化对违规行为的管理，通过管控平台沟通协调扩散机制将管控作用尽可能的放大。其次，同时也是更为重要的，煤炭企业自身是监管效果的直接受益者，在争取外界相关资源协助的同时，更要自行对协同创新过程进行监管，将违约风险降到最低。运行控制机制在某种意义上说是一种过程控制机制：第一，要使合作方明确协同项目所要实现的目标；第二，在协同计划的制定过程中要形成更为规范的协同程序以及更为明确的判定标准；第三，在相关资源的配置过程中对资源的分配、使用、回收等一系列过程中不仅重视资源的共享，同时更要重视资源的使用效率；第四，在研发设计阶段对合作的科研院所建立征信机构，以及技术服务部门的信用信息评价指标体系，防止技术机密的扩散；第五，在生产、运输、销售阶段首先要选择信用良好，组织机构相近，核心能力可以互补的合作主体，并在主体间建立动态信息网络，或者利用建立战略联盟将行业内公认的规范以及例行做法作为合约约束合作各方，以及利用动态信息网络上的动态信息检查表以及动态合同规范控制体系，对合作主体进行监管，或者利用煤炭企业资金实力相对雄厚、融资能力较强这一特点，对合作企业进行参股的形式进行控制。协同绿色创新的控制体系是以政府主导型管控平台为背景，突出煤炭企业的风险防范能力以及信用控制体系，利用对信息、资源、资金、技术等的控制实现对协同伙伴的监管，以维护煤炭企业自身的利益以及整个系统的平稳运行。

4.5.2　煤炭企业协同绿色创新能力提升纽带管理

对于任何管理现象的分析都是为了最终落实到具体的管理实践，为企业的经营管理目标服务，对煤炭企业协同绿色创新能力以及提升的分析，也是为了其具体管理实践的落地问题。协同绿色创新能力提升与传统意义上的能力提升相比较具有创新目标更加多维、协同主体更多、关系更复杂、时空域更广的特点，决定其管理举措的实质其实是主体之间纽带关系的管理。

（1）信息纽带的管理

煤炭企业的协同绿色创新过程实质上是一个企业与外界环境进行信息交换的过程。信息纽带建设的源起严格说应当从煤炭资源的勘探、煤矿的设计、建设开始，但是由于这部分内容不是本书研究的重点，因此本书将集中讨论如何将煤炭企业建设成为信息纽带中心。

宏观而言，推动5G、物联网、云计算、大数据等一系列新技术与煤炭产业的深度融合。微观而言，突破大数据共性关键技术，建成全国范围内数据开放共享的标准体系和交换平台，形成面向煤炭生产典型应用场景的共识性应用模式和技术方案，建立大数据煤炭产业集群是实现煤炭企业可持续健康发展的一个必要条件。但是，传感器作为大数据建设的“细胞”，是数据收集最基础、最前端的设备，而对于煤炭行业而言，井下传感器需要特殊的煤炭行业安全验证，对制造商的技术水平和产品的环境适应性要求较高，目前国内能达到此类要求的企业寥寥无几，除硬件设备外，软件层面也存在技术突破难点，煤矿井下受到防爆等多种条件制约，工作面环境复杂，因此很多在地表已经比较成熟的通信技术，无法直接应用于井下作业，需要针对井下的条件进行技术改造和再攻关。除了上述软硬件短板，煤炭行业整体管理、技术等相应人才匮乏，基础数据积累薄弱，更增加了煤炭产业大数据技术开发、应用的难度。

要解决这一问题，可以通过以下几个步骤来解决。首先整个煤炭行业的除了已有的煤炭产品基础标准外，仍然需要建立相应的技术标准、应用标准、环保标准等一整套大数据标准体系；其次发挥上文提到的协同绿色创新管控平台的作用，支持煤炭企业建立数据信息平台，通过信息平台对市场信息、政策信息、经济动态等信息进行收集、分析、共享；将煤炭企业信息平台与行业协会以及煤炭交易平台相关联，及时发现科学、权威的煤炭价格，真实、及时传递煤炭供给信息；与政府相关部门的信息平台相关联，及时发现政府政策中有关煤炭行业的政策变化，并为决策部门进行相应的决策调整提供信息。协同绿色创新管控平台将逐渐形成以煤炭生产企业为中心，其他协同绿色创新主体为节点，绿色创新信息在煤炭生产企业和各个节点之间双向自由流动的信息网络，同时集成煤炭企业内部信息，通过企业的生产经营活动，在各个职能部门之间进行传递，促进组织内外信息的共享。

以协同绿色创新管控平台为代表的覆盖整个行业的煤炭大数据平台，将对整个行业的供求、技术、产品、信用等海量数据进行规划和清洗加工、实现对信息的高效集约化管理。

（2）资金纽带的管理

中国煤炭企业中最为重要的部分基本上都是国有控股企业，虽然大型国有控股企业在获得相应的资金项目以及项目审批相比中小煤炭企业有明显的优势，但是由于一些循环经济项目需要大笔的初期投资以及较长的市场开拓期，其经济效益在很长一段时间得不到显现，有的绿色创新项目还需要大笔的追加投资造成了煤炭企业当前对资金的需求非常迫切。于此相对应的，从资金的供应方来看，目前中国经济正处于产业结构的调整期，近几年来煤炭企业的经营状况普遍不佳，并且银行等金融中介由于煤炭企业绿色创新项目的特殊性——金额大、风险高、回收期长因而对其缺乏足够的支持力度，资金需求的巨大缺口成为煤炭企业创新发展过程中的瓶颈。资金是一切生产经营活动基础和保障，但是煤炭行业又是市场化程度较低的领域，因此发挥金融机构和金融工具的杠杆作用，才能弥补资金缺口、解决管理机制落后问题。具体而言，政策制定部门依据本地区煤炭产业发展阶段及绿色创新的具体要求，运用多种形式的金融工具为煤炭企业提供必要金融支持。即在煤炭企业协同绿色创新系统中，促进资金沿着从供应者到消费者这一传统的供应链系统进行传递，保障清洁生产、节能降耗等新技术、新工艺、新设备的研发、应用。由于绿色创新的特殊性，还要将资金从传统的供应链系统延伸到分解者，完成煤炭生产过程中产生的伴生矿物以及废弃物的再循环利用，支持煤炭企业进行资源的综合高效使用；其次为了保证企业绿色创新项目的顺利完成积极争取绿色资金从政府、社会中介、消费者手中向煤炭企业流动，拓宽企业的融资渠道和融资方式，帮助企业实现易购、易贷、易洁、易融。

在煤炭企业内部，设立绿色项目资金管理部，办理各二级公司以及公司内部独立单位的绿色项目资金结算、贷款、外汇调剂和资金管理工作，并在企业内部设立协同绿色创新专项结算中心，具有管理与服务的双重职能，与各个职能部门、项目团队在相关专项资金管理过程中是监督与被监督、管理与被管理的关系，而在相应的协同绿色创新项目结算业务中是服务与被服务的客户关系，利用供应链金融产品，连接协同绿色创新平台伙伴的信用数据、销售数据，联结政策性与非政策性金融资源，形成高效安全的支付结算能力、全面精准的信用评估能力、严格匹配客户需求的金融创新能力，实现由成本控制向成本规划转变、静态成本管理向动态成本管理转变，达到专项资金合理利用、有效利用的目的。

（3）物质纽带的管理

依据中华人民共和国国家发展和改革委员会2007年颁布得《煤炭产业政策》相关规定，对于煤炭产品的采掘、洗选、运输、销售应依据减量化、再利用、资源化的原则，综合开发利用伴生资源和煤矿废弃物。鼓励企业利用煤矸石、低热值煤发电、供热，利用煤矸石生产建材产品、井下充填、复垦造田和筑路等，综合利用矿井水，支持煤层气（煤矿瓦斯）长输管线建设，鼓励煤层气（煤矿瓦斯）民用、发电、生产化工产品等。

上述政策措施明示出由煤炭资源、物料、伴生矿物以及生产废弃物组成的物质纽带是协同绿色创新的基础也是操作的对象。在企业对煤炭资源生产加工的过程中，不仅仅有煤炭产品的产生同时也有木料、金属、机电设备等物质的消耗，以及瓦斯、矿井水、煤矸石、煤泥等废弃物的产生，因此在整个协同绿色创新系统中煤炭企业承担“调度中心”的责任，向采矿设备、管材等供应商适时发出物料需求指令，及时了解煤炭产品消费者的需求，以保证整个价值网络中的各个主体都能按时、按量、按质的提供（获得）产品及服务，尤其重要的是井上促进供给、生产运输、使用、再利用各个环节物质的闭合循环利用，即物质不仅仅通过供给者、生产者、运输者、消费者这一输入输出路径，还要经过分解者将生产过程中产生的废弃物进行循环利用，例如矿井水—工业用水—生活用水、煤矸石—建材、粉煤灰—水泥填料等循环使用途径，实现物质的闭合流动，井下优化巷道布置，减少井下矸石产出量，在尽量减少物质在传递过程中的能量损失同时也达到了减排目的。实现整个产业领域的“链变环”，对过去产业链条的发展方式进行优化设计，由拉长延伸煤基产业链为主转变为推进产业链条园区化、循环式发展，实现分区域产业功能定位、合理布局、阶梯式有序高效发展。

（4）技术纽带的管理

技术是协同绿色创新的关键因素，煤炭产品生产的智能化依靠技术实现煤矿开采设计、地测、采掘、运输、洗选、安全、生产等主要系统具备自感知、自学习、自决策与自执行的基本能力。目前，大型煤炭生产企业基本实现了计算机辅助制图，安全生产监测监控、井下定位装置、工业电视等系统，但缺乏整体规划与统一集成实施，煤矿自动化采掘系统、煤矿安全生产监测系统目前并无统一的行业或者国家标准，煤炭企业采用不同厂家自行制定的传输协议和接口标准，各系统之间不能互通和兼容，技术资源难于有效集成与联动管控。基于以上煤炭企业技术协同过程中存在的问题，依托协同绿色创新管控平台，将传统的由单个企业服务于单个企业战略的，由企业自主研发并投入生产实践的技术创新模式被更为开放分散的协同创新模式所取代，这种多向交互式的技术纽带促进了煤炭企业与其他组织的技术合作与技术学习，创新成果可以迅速转化为市场竞争力，保障了协同绿色创新的经济效益。即在协同绿色创新系统当中，促进技术纽带联系的多向性，积极从科研院所、技术中介向煤炭企业引入先进的清洁生产、节能减排、循环利用技术，同时也将煤炭企业在长期的生产实践中自主研发出的绿色技术在与技术支持体系合作的过程中进一步完善。在煤炭行业内部，虽然本书所研究的大型煤炭企业有较高的自主研发能力并且能够获得来自外界的技术支持，但是由于绿色创新涉及采购、生产、运输、销售、循环利用等多个环节，随着网络和通信设施的巨大进步，也应使上述环节的供给者、生产者、运输者、消费者、分解者共同参与创新活动的组织、设计、构造，产生出新的开采工艺、生产流程、技术标准等，实现监测监控全面覆盖，采掘头面无人操作、设备可视化巡检、运输车辆全自动操控，建设可视化矿井，共同促进煤炭企业协同绿色创新能力的提升。

5 结　语

随着中国经济的发展从高速度为标志的规模扩张阶段进入全面转型阶段，传统的以“高投入低产出、高消耗低收益、高速度低质量”为特征的经济增长方式，遇到了资源、生态、市场的三个约束。面对以上宏观经济现状，绿色创新是煤炭企业实现企业经济效益、社会效益、生态效益的内在要求和必然途径。但是对于煤炭企业所面临的现实性问题，尤其是中国煤炭企业的特殊性，绿色创新不可能由企业独立完成，需要企业与政策引导体系、市场驱动体系、社会辅助体系、技术支持体系协同完成，在煤炭企业协同绿色创新方面的研究尚处在探索中，因此本书对煤炭企业协同绿色创新的研究不仅仅具有实践意义更具有理论价值。

协同绿色创新能力对煤炭企业实现经济效益、社会效益、生态效益至关重要，本书基于这一出发点，在对煤炭企业实地调研的基础上借鉴并运用创新理论的相关研究成果，甄选出对于煤炭企业协同绿色创新能力最为关键的影响要素，建立煤炭企业协同绿色创新能力理论分析模型，系统阐述了各个影响因素对协同绿色创新能力的影响关系、协同绿色创新能力两个构成维度协同能力与绿色创新能力之间的相互作用关系以及协同绿色创新能力对煤炭企业创新绩效的正向作用。

本书阐释了煤炭企业协同绿色创新能力提升的三条可能路径，基于对煤炭企业的特征与当前的宏观环境以及协同绿色创新能力特征的分析，本书提出了内外动力耦合的提升路径，并得出以下结论：内外动力耦合提升路径使煤炭企业协同绿色创新能力系统对顾客与市场的需求反应具有灵活性、针对性和弹性，能及时应对煤炭市场的周期性波动，是煤炭企业协同创新能力提升在企业经营过程中的反映。

本书对煤炭企业协同绿色创新能力提升演化过程的分析明示了其发展的一般趋势和方向，为了促进煤炭企业协同绿色创新能力沿着这一趋势和方向发展，本书依据协同绿色创新能力提升与传统意义上的能力提升相比较创新目标更多维、协同主体更多、关系更复杂、时空域更广的特点，从阻力及关系管理两方面入手提出了建立相应的组织机构及运行规则，以及如何促进资金、技术、信息、物资等协同纽带联结的进一步加强。

当然受研究条件与研究时长的影响，在今后的研究中亦需要在以下方面着力：我国对于绿色创新的研究才刚刚起步，从已有的研究结果来看现有的研究方法大都采取静态的实证研究方法，由于绿色创新的绩效需要很长一段时间才能在环境、经济、生态等方面得以显现，尤其是协同绿色创新需要主体之间较长时间的沟通协调磨合，因此其绩效的显现更是一个较为长期的过程。基于协同绿色创新以上的特点，静态的数据较难刻画协同绿色创新模式的实施成果，因此在今后的研究中需要用比较静态分析或者引入系统动力学方法对协同绿色创新进行动态分析。

协同绿色创新亦是协同创新的一种，对于协同创新外部影响要素，已有的研究不仅仅包括本书所讨论的政府、科研院所、行业协会、各类中介机构以及行业内的关联企业，同时也有学者认为还应包括竞争对手，对于内部影响要素有学者认为除了战略、技术等要素外还应包括组织、制度要素，虽然根据煤炭企业已有研究的梳理，以及经过实际访谈的结果最终确定了本书的影响要素，但是学术研究是一个不断探索与不断尝试的过程，因此在今后的研究中将逐渐加入上述本书并未讨论的要素，探究其对煤炭企业协同绿色创新的作用机理与作用结果。

附　　录

附录1　访谈提纲

调研和访谈将按照以下问题展开，并根据实际情况展开互动，实际访谈顺序以及内容可能与本提纲略有差异。

访谈对象（　　）　职务（　　）　工作年限（　　）

1. 请介绍公司的基本情况，您认为对于煤炭企业协同绿色创新能力的影响因素有哪些？

2. 您认为国家的宏观政策中有哪些对煤炭企业绿色创新有重大影响？

3. 政府对煤炭企业与其他组织合作的利好政策有哪些？

4. 请您介绍一下目前对于煤炭行业威胁最大的竞争对手有哪些？

5. 请您介绍一下您所了解的目前顾客需求的变化情况，以及面对此种情况企业所应采取的对策。

6. 您认为目前煤炭企业所遭遇的困境是否由于企业缺乏可持续发展的战略规划，为什么？

7. 您了解合作伙伴的长期愿景以及战略目标吗？

8. 您认为与合作伙伴建立长期的互惠关系，最重要的影响要素是哪些？

9. 贵公司与其他企业有何实质性的合作项目？进展与效果如何？

10. 贵公司与合作者如何进行有效信息与资源等的共享，信任程度如何？

11. 您的企业内信息化建设如何？

12. 您认为整个行业的节能环保等绿色技术发展如何？

13. 煤炭企业对环境的影响较大，您认为煤炭企业应如何承担企业的社会责任？

14. 您认为贵公司员工关注环境问题，并且愿意在实践中付诸环保行动吗？

附录 2　煤炭企业协同绿色创新能力调查问卷

尊敬的女士/先生：

您好！

这是一份关于煤炭企业协同绿色创新的无记名调查问卷，调查数据只用于学术研究，问题答案无所谓对错，请您根据企业实际情况作答即可，我们承诺严格保密，保证任何时候都不公开企业和个人的信息，敬请百忙之中抽出宝贵时间惠予填写，感谢您的大力支持以及为煤炭企业摆脱当前困境所贡献的力量。

一、说明：问卷题型为选择题。在选择提问中均列出了若干选项，请在符合您实际情况的选项上打勾。

1. 您的性别：A. 男　B. 女

2. 您的年龄是：A. 35 岁及以下　B. 35 ~ 45 岁　C. 45 ~ 55 岁　D. 55 岁以上

3. 您的学历是：A. 高中　B. 大专　C. 本科　D. 硕士　E. 博士

4. 您的职称是：A. 高级　B. 中级　C. 初级　D. 暂未评级

5. 您所在企业的规模：A. 年营业额 1 亿以上　B. 年营业额 0.5 亿 ~ 1 亿
C. 年营业额 3000 万 ~ 5000 万
D. 年营业额 1000 万 ~ 3000 万
E. 年营业额 1000 万以下

6. 您所在部门：A. 研发　B. 销售　C. 生产　D. 管理　E. 采购

7. 您的职级：A. 高层管理　B. 中层管理　C. 基层管理　D. 一线员工

二、本题采用 Likert 分制进行打分，请在符合企业实际情况的一个选项上打勾。

说明：绿色创新旨在通过产品、生产过程、技术、市场、管理实践、组织方法、制度结构等的创新以达到保护环境及未来资源并促进企业竞争力增长的目的，在实践当中可通过循环型发展、清洁生产、节能减排等方式实现。煤炭企业协同绿色创新是指上下游企业以及政府、行业协会、中介机构、科研院所等支持性组织协助煤炭企业进行绿色矿井设计、绿色开采、矿产品的绿色消费、“三废”的循环使用等创造性活动。

1. 贵公司重视收集顾客绿色需求信息

A 非常不同意　B 不同意　C 不确定　D 同意　E 非常同意

2. 贵公司绿色创新经济收益不确定性比较大，单靠企业自身实力很难完成

A 非常不同意　B 不同意　C 不确定　D 同意　E 非常同意

3. 贵公司知道竞争对手是否进行绿色创新

A 非常不同意　B 不同意　C 不确定　D 同意　E 非常同意

4. 政府对贵公司与上下游企业、科研院所、行业协会的合作有项目经费和资金支持

A 非常不同意　B 不同意　C 不确定　D 同意　E 非常同意

5. 贵公司定期评估政府环境政策的变化对业务的影响

A 非常不同意　B 不同意　C 不确定　D 同意　E 非常同意

6. 政府科技政策支持贵公司与上下游企业、科研院所、行业协会合作

A 非常不同意　B 不同意　C 不确定　D 同意　E 非常同意

7. 绿色创新是贵公司制定企业战略所应考虑的重要因素

A 非常不同意　B 不同意　C 不确定　D 同意　E 非常同意

8. 合作方参与贵公司绿色创新战略的制定

A 非常不同意　B 不同意　C 不确定　D 同意　E 非常同意

9. 合作方的战略规划能够和贵公司的战略规划相匹配

A 非常不同意　B 不同意　C 不确定　D 同意　E 非常同意

10. 贵公司的企业文化鼓励合作、信息共享

A 非常不同意　B 不同意　C 不确定　D 同意　E 非常同意

11. 贵公司的员工对于环境友好、资源节约等绿色理念比较认可

A 非常不同意　B 不同意　C 不确定　D 同意　E 非常同意

12. 贵公司充分利用互联网技术，有完善的信息平台，方便各部门以及与合作方的及时信息传递

A 非常不同意　B 不同意　C 不确定　D 同意　E 非常同意

13. 煤炭行业整体绿色技术（例如节能减排，循环技术等）发展水平较高

A 非常不同意　B 不同意　C 不确定　D 同意　E 非常同意

14. 贵公司有比较成熟的绿色技术（例如节能减排，循环技术等），且稳定性较高

A 非常不同意　B 不同意　C 不确定　D 同意　E 非常同意

15. 贵公司在煤矿设计中体现环境友好、资源节约的理念

A 非常不同意　B 不同意　C 不确定　D 同意　E 非常同意

16. 贵公司尽量采购考虑了环境特性与资源效率的煤矿机械

A 非常不同意　B 不同意　C 不确定　D 同意　E 非常同意

17. 贵公司煤炭开采、贮藏、运输、使用过程中能源消耗低

A 非常不同意　B 不同意　C 不确定　D 同意　E 非常同意

18. 贵公司煤炭开采、贮藏、运输、使用过程中污染减少

A 非常不同意　B 不同意　C 不确定　D 同意　E 非常同意

19. 贵公司致力于再循环、再利用资源化煤炭开采过程中产生的废水、废气、废渣

A 非常不同意　B 不同意　C 不确定　D 同意　E 非常同意

20. 贵公司与科研院所、政府相关机构、行业协会等支持性组织保持着非常密切的合作关系

A 非常不同意　B 不同意　C 不确定　D 同意　E 非常同意

21. 贵公司与煤炭交易平台、银行等中介机构保持着非常紧密的联系

A 非常不同意　B 不同意　C 不确定　D 同意　E 非常同意

22. 贵公司与采矿机械制造商、运输企业、电厂等上下游企业经常进行技术、知识、信息交流和研发合作

A 非常不同意　B 不同意　C 不确定　D 同意　E 非常同意

23. 贵公司与合作方之间能够相对科学的分担风险与成本

A 非常不同意　B 不同意　C 不确定　D 同意　E 非常同意

24. 贵公司与合作方之间能够相对公平的共享利润

A 非常不同意　B 不同意　C 不确定　D 同意　E 非常同意

25. 贵公司与合作方之间很完善监督激励机制

A 非常不同意　B 不同意　C 不确定　D 同意　E 非常同意

26. 贵公司是否将绿色创新行动与市场需求有效的结合

A 非常不同意　B 不同意　C 不确定　D 同意　E 非常同意

27. 贵公司对煤炭资源的利用效率明显提高

A 非常不同意　B 不同意　C 不确定　D 同意　E 非常同意

28. 贵公司对环境污染明显降低

A 非常不同意　B 不同意　C 不确定　D 同意　E 非常同意

29. 企业降低了生产过程中的资源投入成本

A 非常不同意　　B 不同意　　C 不确定　　D 同意　　E 非常同意

30. 企业降低了废水、废气、废渣产生后的处理以及管理成本

A 非常不同意　　B 不同意　　C 不确定　　D 同意　　E 非常同意

31. 企业获得了政府有关绿色环保方面的财政支持

A 非常不同意　　B 不同意　　C 不确定　　D 同意　　E 非常同意

32. 企业获得了由副产品以及废气物循环使用所产生的附加值

A 非常不同意　　B 不同意　　C 不确定　　D 同意　　E 非常同意

33. 贵公司提供了更多非煤产业的工作机会

A 非常不同意　　B 不同意　　C 不确定　　D 同意　　E 非常同意

34. 贵公司周边环境得到有效改善，使矿山居民的生活环境有了大的改观

A 非常不同意　　B 不同意　　C 不确定　　D 同意　　E 非常同意

谢谢！

参考文献

[1] Alan. M. R, Alan. V. Corporate strategies and environmental regulations: An organizing framework [J]. Strategic Management Journal, 1998 (19): 363 – 375.

[2] Atuahene – Gima. K. Impact of market orientation on new product performance – A contingency approach [J]. Journal of Product Innovation Management, 1995 (4): 275 – 293.

[3] Atuahene – Gima. K. Resolving the capability – rigidity paradox in new product innovation [J]. Journal of Marketing, 2005, 69 (4): 61 – 83.

[4] Bar. E. S. A case study of obstacles and enablers for green innovation within the fish processing equipment industry [J]. Journal of Cleaner Production, 2015, 90 (3): 234 – 243.

[5] Bolli. T, Woerter. M. Competition and R&D cooperation with universities and competitors [J]. Journal of Technology Transfer, 2013 (6): 768 – 787.

[6] Brad. S, Fulea. M, Brad. E, Mocan. B. Systematic integration of innovation in process improvement projects using the enhanced Sigma – TRIZ algorithm and its effective use by means of a knowledge management software platform [J]. Informatica Economică Journal, 2009 (4): 75 – 89.

[7] Chang. C. H. Proactive and reactive corporate social responsibility: antecedent and consequence [J]. Management Decision, 2015, 53 (2): 451 – 468.

[8] Chassagnon. V, Haned. N. The relevance of innovation leadership for environmental benefits: A firm – level empirical analysis on French firms [J]. Technological Forecasting and Social Change, 2015 (2): 194 – 207.

[9] Chen. Y. S, Chang C. H, Lin Y. H. The determinants of green radical and incremental innovation performance: Green shared vision, green absorptive ca-

pability, and green organizational ambidexterity [J]. Sustainability, 2014 (6): 7787 -7806.

[10] Cloudy. M. C, Peterson. M, O'Driscoll. A. Understanding the attitude - behavior gap for renewable energy systems using behavioral reasoning theory [J]. Journal of Macromarketing, 2013, 33 (4): 91 -111.

[11] Denison. D. R, Mishra. A. K. Toward a theory of organizational culture and effectiveness [J]. Organization Science, 1995 (2): 204 -223.

[12] Diaz - rainey. I, Tzavara. D. Financing the decarbonized energy system through green electricity tariffs: A diffusion model of an induced consumer environmental market [J], Technological Forecasting and Social Change, 2012 (11): 1693 -1704.

[13] Eyraud. L, Clement. B, Wane. A. Green investment: Trends and determinants [J]. Energy Policy, 2013, 60 (9): 852 -865.

[14] Fabrice. G, Ingham. M, Sanja. P. Incentives for green innovations in French manufacturing firms [J]. International Journal of Technology Management & Sustainable Development, 2015, 14 (1): 3 -15.

[15] Ford. D, Paladino. A. Enabling Innovation through Strategic Synergies [J]. Journal of Product Innovation Management, 2013 (6): 1058 -1072.

[16] G. 尼科里斯, I. 普利高津. 探索复杂性 [M]. 罗九里, 陈奎宁, 译. 成都: 四川教育出版社, 2010.

[17] Gerstlberger. W, Knudsen. M. P, Stampe. L. Sustainable development strategies for product innovation and energy efficiency [J]. Business Strategy and the Environment, 2014, 23 (2): 131 -144.

[18] Gilli. M, Mancinelli. S, M. Mazzanti. Innovation complementarity and environmental productivity effects: Reality or delusion? Evidence from the EU [J]. Ecological Economics, 2014, 103 (6): 56 -67.

[19] Hart. S. L. Beyoud green strategy: strategies for sustainable world [J]. Harvard Business Review, 1997, 75 (1): 66 -76.

[20] Hender. R, Cockburn. I. Measuring competence? Exploring firm effects in pharmaceutical research [J]. Strategic Management Journal, 1994 (15): 63 - 84.

[21] Hermann Haken. Synergetics: An introduction: Non – equilibrium phase transitions and self – organization in physics, and chemistry [M]. Berlin: Springer – Verlag, Ⅲ, 1983.

[22] Hodgson. G. Understanding organizational evolution: Toward a research agenda using generalized Darwinism [J]. Organization Studies, 2013 (6): 973 – 992.

[23] Hoogendoorn. B, Guerra. D, Zwan. P. What drives environmental practices of SMEs? [J]. Small Business Economics, 2015, 44 (4): 759 – 781.

[24] Horbach. J. Determinants of environmental innovations – new evidence from German panel data sources [J]. Research Policy, 2008, 37 (1): 163 – 173.

[25] Kale. P, Dyer. J. H, Singh. H. Alliance capability, stock market response, and long – term alliance success: The role of the alliance function [J]. Strategic Management Journal, 2002, 23 (8): 747 – 767.

[26] Ketata. I, Sofka. W, Grimpe. C. The role of internal capabilities and firms' environment for sustainable innovation: Evidence for Germany [J]. R & D Management, 2015, 45 (1): 60 – 75.

[27] Kleis. L, Nault. B. R, Dexter. A. S. Producing synergy: innovation, IT, and productivity [J]. Decision Sciences, 2014 (5): 939 – 969.

[28] Lamore. P. R, Berkowitz. D, Farrington. P. A. Proactive/responsive market orientation and marketing – research and development integration [J]. Journal of Product Innovation Management, 2013 (4): 695 – 711.

[29] Lampikoski. T, Westerlund. M, Rajala. R, Moller. K. Green innovation games: Value creation strategies for corporate sustainability [J]. California Management Review, 2014, 57 (10): 88 – 117.

[30] Lampikoski. T. Green, innovative, and profitable: A case study of managerial capabilities at interface Inc [J]. Technology Innovation Management Review, 2012 (11): 4 – 12.

[31] Lauritzen, G. D, Salomo. S, LaCour. A. Dynamic boundaries of user communities: exploiting synergies rather than managing dilemmas [J]. International Journal of Technology Management, 2013 (3 – 4): 148 – 168.

[32] Lee. D. Turning waste into by – product [J]. Manufacturing & Service

Operations Management, 2012 (1): 115 -127.

[33] Majid. K. A, Russell. C. A. Giving green a second thought: Modeling the value retention of green products in the secondary market [J]. Journal of Business Research, 2015, 68 (5): 994 -1002.

[34] Midttun. A, Gautesen. K. Feed in or certificates, competition or complementarity? Combining a static efficiency and a dynamic innovation perspective on the greening of the energy industry [J]. Energy Policy, 2010, 49 (2): 1301 -1315.

[35] Mindruta. D. Value creation in university -firm research collaborations: A matching approach [J]. Strategic Management Journal, 2013 (6): 644 -665.

[36] Mir R, Watson A. Strategic management and the philosophy of science: The case for a constructivist methodology [J]. Strategic Management Journal, 2000 (9): 941 -953.

[37] Mu. Jifeng. Networking capability, network structure, and new product development performance [J]. IEEE Transactions on Engineering Management, 2014 (4): 599 -609.

[38] Nelson. B, Kahn. B. The seeds of innovation: Cultivating the synergy that fosters new ideas [J]. Journal of Product Innovation Management, 2003 (5): 424 -425.

[39] Noble C H, Sinha R K, Kumar A. Market orientation and alternative strategic orientations: A longitudinal assessment of performance implications [J]. Journal of Marketing, 2002 (4): 25 -39.

[40] Olson. E. L. Perspective: The green innovation value chain: A tool for evaluating the diffusion prospects of green products [J]. Journal of Product Innovation Management , 2013, 30 (4): 782 -793.

[41] Padula. G. Enhancing the innovation performance of firms by balancing cohesiveness and bridging ties [J]. Long Range Planning, 2008 (4): 395 -419.

[42] Pierre. M, Cathy. H. What type of enterprise forges close links with universities and government labs? Evidence from CIS [J]. Managerial and Decision Economics, 2003 (24): 133 -145.

[43] Porter. M. E. America's green strategy [J]. Scientific American, 1991,

264 (4): 168.

[44] Renning. K, Markewitz. P, Vögele. S. How clean is clean? Incremental versus radical technological change in coal – fired power plants [J]. Journal of Evolutionary Economics, 2013 (23): 331 – 335.

[45] Renning. K. Redefining innovation eco – innovation research and contribution from ecological economics [J]. Ecological Economics, 2000, 32 (2): 319 – 332.

[46] Sehein. E H. Organizational culture and leadership [M]. San Francisco: Jossey – Bass, 1985.

[47] Song. X. M, Souder. W. E, Dyer. B. A causal model of the impact of skills, synergy, and design sensitivity on new product performance [J]. Journal of Product Innovation Management, 1997 (2): 88 – 101.

[48] Tripsas. M. Unraveling the process of creative destruction: complementary assets and incumbent survival in the typesetter industry [J]. Research In Science & Technological Education, Special Issue, (18): 119 – 142.

[49] Tsai. K. H, Huang. Chi. Tsun. Technology synergy, product characteristics, and new product performance: A meta – analytic review [J]. Canadian Journal of Administrative Sciences, 2012 (4): 336 – 347.

[50] Woo. C. W, Chung. Y. H, Chun. D. P. Impact of green innovation on labor productivity and its determinants: An analysis of the Korean manufacturing industry [J], Business Strategy and the Environment, 2014 (11): 567 – 576.

[51] 卞丽丽. 循环型煤炭矿区发展机制及能值评估 [D]. 徐州: 中国矿业大学博士学位论文, 2011.

[52] 蔡坚, 杜兰英. 协同创新网络嵌入影响企业创新绩效的机制与路径研究——基于知识协同的中介效应 [J]. 工业技术经济, 2013 (11): 3 – 13.

[53] 蔡剑. 协同创新论 [M]. 北京: 北京大学出版社, 2012.

[54] 陈锋. 企业文化提升创新能力研究 [J]. 管理工程学报 (增刊), 2009: 40 – 44.

[55] 陈光. 企业内部协同创新研究 [D]. 成都: 西南交通大学博士学位论文, 2005.

[56] 陈劲, 王焕祥. 创新思想者: 当代十二位创新理论大师 [M]. 北

京：科学出版社，2011.

[57] 陈劲．协同创新［M］．杭州：浙江大学出版社，2012.

[58] 陈启杰，江若尘，曹光明．“市场—政策”双重导向对农业企业绩效的影响机制研究——以泛长三角地区农业龙头企业为例［J］．南开管理评论，2010（5）：123－130.

[59] 陈文沛．市场导向、创新与核心能力路径和机制［J］．中国科技论坛，2013（12）：24－30.

[60] 丁堃．基于复杂适应系统理论的绿色创新系统研究［D］．大连：大连理工大学博士学位论文，2005.

[61] 丁堃．论绿色创新系统的创生机理及培育对策［J］．科技管理研究，2008（12）：6－8.

[62] 董洁，龙如银．煤炭绿色开采技术创新概念探析［J］．技术经济与管理研究，2004（4）：70－71.

[63] 董晓宏，张红霞，胡斌．企业多要素协同创新过程研究［J］．经济研究导刊，2007（5）：25－27.

[64] 董颖，石磊．“波特假说”——生态创新与环境管制的关系研究述评［J］．生态学报，2013（2）：809－824.

[65] 董颖，石磊．生态创新的内涵、分类体系与研究进展［J］．生态学报，2010（9）：2465－2474.

[66] 段晶晶．产学研协同创新绩效提升路径研究——一个理论分析框架［J］．内蒙古社会科学（汉文版），2014（2）：119－123.

[67] 方厚政．企业合作创新的模式选择和组织设计研究［D］，上海：上海交通大学博士学位论文，2006.

[68] 冯泰文，李一，张颖．合作创新研究现状探析与未来展望［J］．外国经济与管理，2013（9）：72－79.

[69] 付敬，朱桂龙，樊霞．企业合作创新模式与能力的协同演化研究［J］．中国科技论坛，2013（8）：67－74.

[70] 高德华，邓修权，白冰．复杂动态环境下的企业能力系统研究：一个基于主体的仿真分析框架［J］．系统科学学报，2013（5）：78－81.

[71] 谷立霞，王贤．基于全要素协同的高碳产业低碳化创新系统研究［J］．科技进步与对策，2010（11）：77－80.

［72］谷奇峰，丁慧平．企业能力理论研究综述［J］．北京交通大学学报（社会科学版），2009（1）：17－22.

［73］郭淑芬，张康．山西省煤炭企业自主创新环境评价［J］．技术经济，2012（1）：22－28.

［74］国家能源集团有限责任公司企业管理与法律事务部．2019年社会责任报告［R］．北京：国家能源集团有限责任公司，2019.

［75］贺新闻，辛吉勋．跨组织横向协同创新研究综述［J］．科学管理研究，2015（4）：10－11，19.

［76］赫尔曼·哈肯．协同学［M］．凌复华译，上海：上海译文出版社，1986.

［77］衡孝庆，魏星梅，邹成效．绿色技术研究综述［J］．科技进步与对策，2010（7）：153－155.

［78］胡伟．企业发展模式——协同发展的视角［M］．北京：经济管理出版社，2011.

［79］姬美婷．中国煤炭企业清洁生产企业文化建设研究［J］．生产力研究，2013（12）：154－156.

［80］蒋艺博，孔亮，闫翔宇．绿色煤炭矿山技术创新影响因素研究［J］．中国高新技术企业，2014（22）：118－119.

［81］金露，楼杨钇．市场导向提升中小企业创新能力的机制探讨［J］．管理工程学报（增刊），2009：29－34.

［82］李朝明，黄利萍．动态能力、协同知识创新和企业持续竞争力的关系研究［J］．科技进步与对策，2010（11）：17－20.

［83］李丹．大型煤业集团煤炭绿色供应链系统构建与优化研究［D］．阜新：辽宁工程技术大学博士学位论文，2013.

［84］李刚．供应链协同创新的绩效测评及其应用研究［J］．中国科技资源导刊，2011（3）：59－67.

［85］李梦彤，王悦．煤炭企业实施绿色经营系统的困境及对策［J］．商业经济，2014（11）：93－94.

［86］李巧华．生产型企业绿色创新：影响要素及绩效相关［D］．成都：西南财经大学博士学位论文，2014.

［87］李锐．企业创新系统自组织演化机制及环境研究［D］．哈尔滨：

哈尔滨工业大学博士学位论文，2010.

［88］李士金．同煤集团发展循环经济的运行模式研究［D］．阜新：辽宁工程技术大学博士学位论文，2010.

［89］李玉米，周霞．传统产业绿色竞争优势生成路径分析——基于“钻石理论”分析的绿色创新视角［J］．电力社会科学，2014（2）：68－73.

［90］刘钒，李光．湖北省协同创新平台的发展现状与对策研究［J］．湖北社会科学，2014（1）：61－67.

［91］刘伟．中国煤炭流通环节治理型管控模式及运行机制研究［D］．徐州：中国矿业大学博士学位论文，2011.

［92］刘文辉．企业绿色经营创新研究［D］．青岛：中国海洋大学博士学位论文，2009.

［93］刘晓平．基于动态能力的装备制造企业创新能力发展模式研究［D］．哈尔滨：哈尔滨理工大学博士学位论文，2013.

［94］刘新荣．文化个性与企业价值研究［J］．中国工业经济，2007（2）：101－109.

［95］刘雪琦．煤炭企业技术创新动力机制及能力评价［D］．徐州：中国矿业大学博士学位论文，2013.

［96］刘志华．区域科技协同创新绩效的评价以及提升途径［D］．长沙：湖南大学博士学位论文，2013.

［97］楼高翔．供应链技术创新协同研究［D］．上海：上海交通大学博士学位论文，2009.

［98］马伟，王庆金．协同创新视角下企业可持续发展［J］．财经问题研究，2014（7）：106－111.

［99］苗东升．系统科学精要［M］．北京：中国人民大学出版社，2013.

［100］潘宏亮．协同创新驱动中小企业升级的机理与路径研究［J］．河南师范大学学报（哲学社会科学版），2014（9）：86－90.

［101］潘锡杨，李建清．科技伦理视阈下的绿色创新研究［J］．自然辩证法研究，2014（6）：82－88.

［102］彭红霞，达庆利．企业文化、组织学习、创新管理对组织创新能力影响的实证研究［J］．管理学报，2008（5）：144－149.

［103］祁和刚，辛耀旭，张忠温．大型煤炭矿区绿色开发的实践与思考

[J]. 煤炭科学技术, 2014 (1): 5-8.

[104] 秦书生. 绿色文化与绿色技术创新 [J]. 科技与管理, 2006 (6): 136-138.

[105] 曲峰庚, 董宇鸿. 绿色创新——新经济时代企业成长动力 [M]. 北京: 经济科学出版社, 2013.

[106] 任胜强. 企业网络能力结构的测评及其对企业创新绩效的影响机制研究 [J]. 南开管理评论, 2010 (1): 69-80.

[107] 任宗强. 基于创新网络协同提升企业创新能力的机制与规律研究 [D]. 杭州: 浙江大学博士学位论文, 2012.

[108] 桑红莉, 谭旭红, 王博, 王春梅. 技术创新与制度创新协同模型构建——基于黑龙江省煤炭行业 [J]. 煤炭经济研究, 2014 (4): 41-43.

[109] 施建军, 张文红, 杨静, 孟源. 绿色创新战略中的利益相关者管理——基于江苏紫荆花公司的案例研究 [J]. 中国工业经济, 2012 (11): 123-134.

[110] 石芝玲. 基于技术能力和网络能力协同的企业开放式创新研究——以高新技术企业为例 [D]. 天津: 天津大学博士学位论文, 2010.

[111] 宋彧, 王春梅, 崔超群. 大型煤炭企业自主创新的影响因素分析 [J]. 中国矿业, 2009 (9): 56-58, 60.

[112] 苏先娜, 樊理山. 基于创新协同理论的企业技术创新能力评价指标体系研究 [J]. 山东纺织经济, 2013 (7): 19-21.

[113] 孙冰、赵健. 技术创新协同研究综述 [J]. 情报杂志, 2011 (11): 76-81.

[114] 孙凌宇. 资源型企业绿色转型成长研究 [D]. 长沙: 中南大学博士学位论文, 2012.

[115] 孙孝文, 陈龙, 王斌, 等. 中国企业社会责任报告编写指南之煤炭采选业 [M]. 北京: 经济管理出版社, 2014: 23-25.

[116] 唐清泉, 巫岑. 基于协同效应的企业内外部 R&D 与创新绩效研究 [J]. 管理科学, 2014 (9): 12-23.

[117] 唐震, 汪洁, 王洪亮. EIT 产学研协同创新平台运行机制案例研究 [J]. 科学学研究, 2015 (1): 155-160.

[118] 唐震, 张阳, 李明芳. 西方战略管理理论 [M]. 北京: 科学出版

社，2008.

[119] 汪卫．基于系统动力学的煤炭企业循环经济系统研究［D］．天津：天津大学博士学位论文，2012.

[120] 王安宇．合作研发组织模式选择与治理机制研究——兼论中国松散性企业集团研发体系重构［D］．上海：复旦大学博士学位论文，2002.

[121] 王帮俊，周敏，吉峰．基于“三螺旋”理论模型的煤炭产学研协同创新网络平台研究［J］．中国矿业大学学报（社会科学版），2015（3）：56－60.

[122] 王翠霞．国家创新系统产学协同创新机制研究——基于复杂系统理论［D］．杭州：浙江大学博士学位论文，2014.

[123] 王海峰，罗发友．企业绿色创新的演化机理及案例研究［J］．产业与科技论坛，2013（16）：115－118.

[124] 王海峰，张天平．基于生物进化视角的企业绿色创新演化研究［J］．湖南科技大学学报（社会科学版），2014（1）：97－101.

[125] 王建明，陈红喜，袁瑜．企业绿色创新活动的中介效应实证［J］．中国人口·资源与环境，2010（6）：111－117.

[126] 王进富，张颖颖，苏世彬，等．产学研协同创新机制研究［J］．科技进步与对策，2013（8）：1－6.

[127] 王均才，李旗纲，陈雷．高庄煤业有限公司清洁生产的实践［J］．中国煤炭，2012（5）：118－121.

[128] 王磊．企业能力理论：热点和前沿［J］．山东经济，2006（11）：30－59.

[129] 王林秀，王丽娜．枯竭型矿区资源协同创新开发模式［J］．科技进步与对策，2013（12）：96－99.

[130] 王林珠．煤炭企业循环经济发展力评价研究［D］．武汉：中国地质大学博士学位论文，2013.

[131] 王如松，周涛，陈亮，等．产业生态学基础［M］．北京：新华出版社，2006.

[132] 王文良．煤炭企业生态竞争力评价及实证研究［D］．武汉：中国地质大学博士学位论文，2013.

[133] 王小娟，万映红．客户知识管理过程对服务产品开发绩效的作

用——基于协同能力视角的案例研究［J］. 科学学研究，2015（2）：264－271.

［134］王晓静. 企业集团研发协同与研发绩效的实证研究［D］. 济南：山东大学博士学位论文，2012.

［135］王泽诺，刘亚州，杨怀涛. 煤矿建下压煤创新设计研究与应用［J］. 山东煤炭科技，2015（5）：43－44.

［136］危怀安，聂继凯. 协同创新的内涵及机制研究评述［J］. 中共贵州省委党校学报，2013（1）：107－113.

［137］温珂，苏宏宇，周华东. 科研机构协同创新能力研究——基于中国101家公立研究院所的实证分析［J］. 科学学研究，2014（7）：1081－1089.

［138］夏丽娟，谢富纪. 多维临近视角下的合作创新研究评述与未来展望［J］. 外国经济与管理，2014（11）：45－54.

［139］肖冰果. 创新协同网络组织间信任建立与知识共享机理研究［J］. 科技和产业，2014（11）：127－130，166.

［140］谢洪明，罗惠玲，王成等. 学习、创新与核心能力：机制和路径［J］. 经济研究，2007（2）：59－70.

［141］谢学梅，左蕾蕾. 企业协同创新网络特征与创新绩效：基于知识吸收能力的中介效应研究［J］. 南开管理评论，2013（3）：47－56.

［142］徐建中，邱尔卫. 浅析绿色企业文化［J］. 商业研究，2006（10）：205－206.

［143］许庆瑞，蒋键，郑刚. 各创新要素全面协同程度与企业特质的关系实证研究［J］. 研究与发展管理，2005（6）：16－21.

［144］许庆瑞，谢章澍. 企业创新协同及其演化模型研究［J］. 科学学研究，2004（1）：327－332.

［145］阎志强，李德忠. 同煤破解世界性煤炭开采难题［N］. 中国能源报，2014－12－01（011）.

［146］杨从印. 煤炭企业科学发展评价系统研究［D］. 武汉：中国地质大学博士学位论文，2013.

［147］杨静，刘秋华，施建军. 企业绿色创新战略的价值研究［J］. 科研管理，2015（1）：18－25.

［148］杨林，柳洲. 国内协同创新研究评述［J］. 科学学与科学技术管

理，2015（3）：50－54.

［149］杨伟娜，刘西林，李玉萍．一种循环经济与技术创新协同发展模型的构建［J］．软科学，2010（1）：21－26.

［150］杨永均，张绍良，侯湖平，等．煤炭开采的生态效应及其地域分异［J］．中国土地科学，2015（1）：55－62.

［151］易余胤．基于演化博弈论的企业合作与背叛行为研究［M］．北京：经济科学出版社，2009.

［152］尹润锋．战略导向、领导风格对协同创新绩效作用机理研究［J］．科技进步与对策，2013（5）：7－11.

［153］应瑞瑶，周力．资源禀赋与绿色创新——从中国省际数据的经验研究看"荷兰病"之破解［J］．财经研究，2009（11）：92－102.

［154］于洪彦．双维度市场导向、创新与绩效［J］．税务与经济，2013，186（1）：1－8.

［155］喻汇．基于技术联盟的企业协同创新系统研究［J］．工业技术经济，2009（4）：124－128.

［156］袁迎菊．煤炭产业链低碳演化机理及路径优化研究［D］．徐州：中国矿业大学博士学位论文，2012.

［157］约翰·梅纳德．史密斯．演化与博弈论［M］．潘春阳译．上海：复旦大学出版社，2008.

［158］韵江．战略演化：组织内透视［M］．大连：东北财经出版社，2009.

［159］战彦领．煤炭产业链演化机理与整合路径研究［D］．徐州：中国矿业大学博士学位论文，2009.

［160］张蓓佳．煤矿企业节能减排动力机制及体系构建研究［D］．徐州：中国矿业大学博士学位论文，2013.

［161］张方．协同创新对企业竞争优势的影响——基于熵理论及耗散结构论［J］．社会科学家，2011（8）：78－81.

［162］张钢，张小军．国外绿色创新研究脉络梳理与展望［J］．外国经济与管理，2011（8）：25－32.

［163］张钢，张小军．企业绿色创新战略的驱动因素：多案例比较研究［J］．浙江大学学报（人文社会科学版），2014（1）：113－123.

［164］张钢，张小军．绿色创新研究的几个基本问题［J］．中国科技论坛，2013（4）：12－15.

［165］张昊一．基于涌现型的中国传统产业持续创新能力研究［D］．哈尔滨：哈尔滨工程大学博士学位论文，2012.

［166］张琴清，李志强．企业协同创新绩效评价研究综述［J］．商业经济研究，2015（5）：114－115.

［167］张琼妮．网络环境下区域协同创新平台模式与机制及政策研究［D］．杭州：浙江工商大学博士学位论文，2014.

［168］张淑英．中国煤炭工业低碳发展研究［D］．徐州：中国矿业大学博士学位论文，2012.

［169］张天悦．环境规制的绿色创新激励研究［D］．北京：中国社会科学院博士学位论文，2014.

［170］张喜武．神东矿区可持续发展战略及其保障系统研究［D］．阜新：辽宁工程技术大学博士学位论文，2003.

［171］张小军．企业绿色创新战略的驱动因素及绩效影响研究［D］．杭州：浙江大学博士学位论文，2012.

［172］张妍，魏江．战略导向国内外研究述评与未来展望［J］．中国科技论坛，2014（11）：130－143.

［173］赵国浩，阎世春．煤炭工业可持续发展研究［M］．北京：经济管理出版社，2008.

［174］赵国浩．煤炭资源管理理论与政策研究［M］．北京：经济管理出版社，2011.

［175］赵国浩．煤炭资源优化配置理论与政策研究［M］．北京：经济管理出版社，2010.

［176］赵国浩．煤炭资源低碳化利用理论与政策研究［M］．北京：经济管理出版社，2014.

［177］赵曙明，裴宇晶．企业文化研究脉络梳理与趋势展望［J］．外国经济与管理，2011（10）：1－8，16.

［178］赵细康．引导绿色创新——技术创新导向的环境政策研究［M］．北京：经济科学出版社，2006.

［179］甄志勇，毕克新．制造业绿色创新与地方政府行为关联分析［J］.

哈尔滨工程大学学报，2011（8）：1091－1097.

［180］周力．中国绿色创新的空间计量经济分析［J］．资源科学，2010（5）：932－938.

［181］周强，孙继平，许世范．基于战略联盟的煤炭企业集成研究［J］．中国矿业大学学报，2003（1）：71－75.

［182］周三多．战略管理思想史［M］．上海：复旦大学出版社，2002.

［183］周长发．进化论的产生与发展［M］．北京：科学出版社，2012.

［184］邹志勇．企业集团协同能力研究［D］．大连：大连理工大学博士学位论文，2008.

后　记

2020年地球的灾难应该从澳洲大火记起，但是当时人们并不知道植物焦黑的残枝和动物惨烈的尸骸仅仅意味着一切才刚刚开始：蝗灾肆虐、非洲猪瘟、新冠病毒、洪涝灾害、极地冰川融化、埃博拉病毒……每一个冰凉的词组背后是无数充满了焦虑、恐惧、绝望、痛苦、牺牲的过去与现在，是不是还可能裹挟或者昭示着这个星球的未来？愚昧意味着意识不到现在或者他处发生的一切与自己的关系，梁漱溟先生在《东西方文化及其哲学》用一步步深入实质的方法陈述了“火炮、铁甲、声、光、电”等现代技术诞生的背后“根本的东西”是“废科举、兴学校、建铁路、办实业”，而将诸如此类种种枝叶抛开，最后的“根本”则在于伦理思想。工业时代以来，大规模生产成为社会主要的经济活动，理性主义与机械论在思想领域的独领风骚导致了“人定胜天”与“拜物”思潮的泛滥，不仅人与人之间的关系趋向于自私、功利，同时也强证出人与自然之间的关系是利用与被利用、征服与被征服的谬误，这一谬误不但导致了其他物种的灭绝，更将自己的同类淹没在泪水中，这一谬误不能仅仅依靠环境本身的警示和缓慢演化所纠正，必须重建一种新的发展模式与内动力系统。而作为先导与标记的则是梁漱溟先生认为的思想意识，而绿色思想的繁荣依托于科学世界观的建立，中国传统文化是以儒家思想为明线、道家思想为暗线的明暗相辅相成的文化，儒家自然哲学所认为的“天”有着丰富的思想蕴含：除了与地相对的自然之天还指与宗教性相关联的主宰之天，以及与道德伦理相对应的情理之天，因此在儒家思想中，自然有着丰富的社会性意蕴，是认知世界的对象与源泉，是“格物致知诚意正心、修身齐家治国平天下”这一逻辑推演顺序的理论缘起与实践标记，因此在中国儒家思想的视域下，自然是人存在的现实保证与认知参照，由“天”

这一内蕴丰富的哲学概念的层次性、递进性表征了地球的系统性、关联性和整体性等方面应是以相互依存、协同进化的过程。道家不仅仅怀有“天地与我并生，万物与我为一”的生态认识，同时建立了“辅万物之自然而不敢为”的生态规范，提出“贵柔、主静、知止、知常”的行为方法，并且以“几于道”的自然物——水，作为上善的标记，从认识论到方法论提出一整套人与自然和谐共生的思想行为。当人类社会创造出前所未有的辉煌物质财富时，亦遭受到了前所未有反噬，问题的严重程度已经到了单薄的环境理念与时断时续的环境保护行为难以奏效的时刻，在这个时刻要对学习西方文艺复兴以来功利主义、工具主义、科学理性的思维模式，着重于头痛医头、脚痛医脚的“零部件”问题分析方法进行反思，参考中国传统儒道文化认知——规范——行动的基本逻辑结构，以及关注于内部动力的致思方式建立关于环境问题的分析解决系统。

作为关乎国计民生的重要领域以及对环境质量高低发挥关键作用的煤炭行业，如何将其对环境的影响减至最低，一直是理论界和实业界关注的重心。目前已然构建出的绿色创新模式一般可以分为市场主导型、政府主导型、行业协会主导型、企业主导型等多种类型，由于煤炭行业的特殊性，存在着市场失灵以及政府失灵的情况，而煤炭行业协会基于其发展的不充分性，在绿色创新模式当中更多地发挥着政府与企业之间的中介作用，而中国的煤炭行业目前比较一致的观点认为其属于集中化程度比较高的行业，大企业在整个行业中占有非常大的市场份额，对环境的影响系数也比较大，并拥有进行绿色创新的内外资源，理应在绿色创新中发挥着主导作用。

基于以上煤炭企业的外部约束与内在特质，本文作者参照中国传统儒道思想的基本逻辑，以及现代企业管理理论认为，煤炭企业绿色创新要达到对环境的负面影响最小这一创新目标，职能建设上秉承与“天”（自然）和、与“地”（人际）、与“人”（内心）的和本文化，实现兼顾“自然”“经济”“社会”的“三赢”目标的企业战略，并与外部协同伙伴合作在清洁生产、节能减排降噪、循环模式等绿色创新技术方面加大加快投入，促进内部动力系统——协同绿色创新能力的形成与运转。协同绿色创新能力的两个基本构成维度：绿色创新能力与协同能力分别表征了协同绿色创新模式的运行与结构，是左右系统发展的内在动力，为系统内部结构调整和功能的完备提供推动力，如果说政策规制、市场引导、技术进步等外部动力触发系统的启动和运转，内在动力则相当于电源，保障协同绿色创新系统的结构和行为向着既定方向有序运动。

作为矿山的女儿，怀着对那片土地赤诚的热爱，本文作者完成了本书的撰写，期待那片土地天蓝、水清、花艳、人欢。

程艳
2020 年 11 月于山西财经大学